农村地区
基础教育研究

刘运辉　著

吉林文史出版社

图书在版编目（CIP）数据

农村地区基础教育研究 / 刘运辉著. -- 长春：吉
林文史出版社，2021.8
ISBN 978-7-5472-7963-2

I. ①农… II. ①刘… III. ①乡村教育－基础教育－
研究－中国 IV. ①G639.2

中国版本图书馆 CIP 数据核字（2021）第 155794 号

农村地区基础教育研究

NONGCUNDIQU JICHUJIAOYU YANJIU

著　　者	刘运辉	
责任编辑	弭　兰	
封面设计	微众文化	
出版发行	吉林文史出版社有限责任公司	
地　　址	长春市福祉大路出版集团 A 座	
网　　址	http://www.jlws.com.cn	
印　　刷	四川科德彩色数码科技有限公司	
开　　本	787mm×1092mm　1/16	
印　　张	11.5	
字　　数	220 千字	
版　　次	2021 年 11 月第 1 版	
印　　次	2021 年 11 月第 1 次印刷	
书　　号	ISBN 978-7-5472-7963-2	
定　　价	49.00 元	

序　言

　　教育兴则国兴，教育强则国强，教育决定人类的今天，也决定着人类的未来，而一个国家教育的强盛是以中小学课堂为基础的。

　　但是"基础不牢，地动山摇"，只有根深才能叶茂。根，必须扎在适宜其生长的土壤里才会向纵深延伸，根系发达，才能撑起一片绿色的天空。因此，基础教育是教育的重中之重，是关系国家、民族前途和命运的千秋大业。

　　而我国的基础教育规模庞大，目前中国农村人口占全国人口比例的50％左右，据统计，农村中小学校占中小学总数的89.96％，农村中小学生占中小学生总数的81.7％。但农村基础教育的发展历来都是比较薄弱的环节，因农村地区无论是政治还是经济都比较薄弱，严重制约了农村基础教育的持续性和牢固性，所以只有农村基础教育得到有效的发展，农村的教育经济才能够稳步提高和发展，也才能助推国家教育的高质量发展。

　　笔者在贵州农村从事幼儿园、初中、高中教育的基础教育工作30多年，对农村学校的开拓发展、教师素质提升、农村有效课堂教学设计、作业布置与批改、有效复习教学、班级的有效管理、留守学生寝室的管理措施与方法等进行了一系列思考，以麻江县农村基础教育为例，从农村一线基础教育工作实践中掌握的大量实例、数据中研究、甄别、提炼出理论文章，为农村基础教育提升、乡村振兴发展提供有价值的借鉴与参考，形成农村基础教育的理论体系，致力于"学以成人"的追求，使教学回归教育性，阻断贫困代际传递，把基础教育办得越来越好。重视农村地区基础教育，让每个农村学生都收获成长，让每一个农村人都对自己有信心、对未来有希望，使每一个农村教师成为塑造学生品格的"大先生"，培养出更多一代又一代拥护中国共产党领导、立志为中国特色社会主义辉煌的明天而奋斗终身的农村有用人才，共创富强、民主、文明、和谐、美丽的现代化强国。

第一编
锐意改革，开拓前进

——农村基础教育学校发展研究

如果每个乡村都能办好一所基础教育学校，那将受益无穷。近年来，随着我国基础教育改革的不断深入，麻江农村基础教育学校也根据实情进行了积极有效的探索，在基础设施建设、办学理念、连片教研、内部管理等方面不断改革创新，推动了农村基础教育的跨越式发展。

农村基础教育学校突破发展的措施与方法

"十二五"时期，是麻江教育发展最快、成绩显著、成果丰硕的五年。提前五年完成了《国家中长期教育改革和发展规划纲要》确定的教育发展目标和国务院制定的民族地区教育发展目标，全面超额完成县"十二五"教育事业发展规划各项目标任务。

如：县域义务教育发展基本均衡，率先在全省通过国家评估认定，被授予"全国义务教育发展基本均衡县"称号；率先在全省实现基本普及十五年教育；教育信息化建设步伐加快，实现宽带网络校校通、多媒体教学资源班班通全覆盖；寄宿制学校建设与管理、学生营养改善计划、义务教育均衡发展、学前教育创新发展、留守儿童少年关爱服务创造的模式和经验成为全州、全省乃至全国推广的范本，实现了农村基础教育学校的突破发展，这些成效的取得，通过研究提炼出以下措施。

一、通过集团引领，农村幼儿教育学校鲜活规范

为提升全县幼儿教育的规范性，麻江举全县之力多渠道筹措资金，在抓好乡镇中心公办幼儿园建设的基础上，首先，采取公助民办的形式，无偿提供校点布局调整后的闲置校舍，实行零租赁方式，大力推进农村村级幼儿园的建设，基本实现了每个乡镇都有公办幼儿园、每个行政中心村都有一所幼儿园的目标。全县基本形成了以县城公民办幼儿园为龙头、乡镇中心幼儿园为骨干、村级公助民办幼儿园为基础、其他民办幼儿园为补充的学前教育公共服务网络，使农村所有幼儿都有机会进入幼儿园。

其次，在幼儿学校管理中积极推进集团化管理模式，措施是将全县公办民办幼儿园划分为三个集团，分别由麻江县实验幼儿园、麻江县示范幼儿园、金太阳幼儿园为集团总园，充分将总园的课题成果、优质活动、精品教案、特色课程等资源与分园教师共享，通过"传、帮、带"等方式，使普惠性民办幼儿园的保教水平和管理水平得到大幅提升。

最后，在幼儿教学中，麻江县始终坚持"保育为先，游戏为本"的原则，努力培养孩子健全的人格品质，让孩子从小学会微笑、学会观察、学会说话、学会交友、学会家务、学会感恩，健全人格，启迪智力，促进幼儿身心健康发展，为孩子的成长奠定坚实基础，有效提升农村幼儿教育学校的鲜活性和规范性。

二、激励农村教师队伍建设，提升农村学校的整体质量

为有效提升农村学校办学质量，麻江县先是积极出台了《关于推进教育突破发展　办人民满意教育的实施意见》等方案，对乡村教师职称聘任工作实行即评即聘，不受岗位结构比例限制。还建立名师（校长）岗位津贴制度，根据国家级、省级、州级、县级等不同等级发放激励津贴，激发教师自我发展的积极性，获"特级教师"荣誉称号的在岗在职教师，按省级名师标准享受津贴。同时建立省级骨干教师和州级教育名师工作室，工作室按学段和学科从省、州、县级骨干教师中遴选成员。每位骨干教师都必须参与一个工作室的工作，工作室成员承担教师培训任务、教育课题研究、学术讲座、学术交流、指导年轻教师等工作任务，要求每个名师工作室均做到师德规范出楷模，课堂教学出精品，课题研究出成果，管理岗位出经验，实现工作室成员的专业成长和教师团队的专业化发展。建立教学质量激励机制，每年财政预算安排300万元设置教学质量奖。实行联片教研和教师理想信念教育，分片区开展说课、评课的培训和评课竞赛活动。各片区组织分别开展语文、数学、英语、科学、音乐、体育、美术等学科骨干教师送教下乡活动以及"同课异构"、期末试题编写、预约听课、推门听课、中考经验交流等活动。在教学教研中，以名师工作室为引领，积极实施"自助互动"教学模式和"联片教研"模式，努力推进课堂教学模式改革，打造高效课堂，在教学中开展"四有""三者"教师主题教育活动，有效提升农村学校办学质量。

三、积极改革，建立农村学校营养改善计划模式

麻江县充分利用大数据手段，开通了全县营养改善计划视频监控系统，对学校食堂运行情况实行全程实时远程监控和网上监管，此举成了纪检部门民生特派监督进校园的样板，有效保证了食品安全和质量，切实将学生营养改善计划这一民生工程实施成为民心工程、德政工程、希望工程。

四、创新管理模式，保障农村留守儿童的健康成长

随着国家现代化进程的加快，农村剩余劳动力大规模向城市转移，农村留下大量无父母关爱的留守儿童。为保障农村留守儿童的成长，麻江县农村学校创新管理，一是通过校点布局调整，推行"政府＋家庭"的"4＋X"模式，按照"十有"标准，为寄宿制学校修建浴室、安装了热水器、配备了电器化食堂设备，为留守儿童建好"家"。二是建立县领导包乡镇、乡镇干部包村、村干部包组、组领导包人、校长包校、班主任包班、科任教师包学生和帮扶单位参与的"八位一体"包保关爱救助机制。三是优先配备寄宿制学校音体美等学科教师，通过开展唱歌、舞蹈、棋类、球类等校内文化活动，丰富留守儿童的"第二课堂"，坚

持办好中小学生艺术节、中小学生运动会、读书节、科技节等活动，丰富留守儿童的文化生活，让他们快乐成长。四是在每个寄宿制学校均建立有"阳光儿童之家"，设置有"悄悄话信箱""亲情电话室""亲情视频聊天室"和"心理咨询室"，组织留守儿童过集体生日，使留守儿童得到学习、生活、情感上的关心和帮助。结合农村习俗开展好"爱心节日"活动，让留守儿童在学校感受"二月初二"送红蛋、"四月初八"吃花米饭、"五月初五"包粽子的乐趣等。

　　每一所农村基础教育学校通过创新形式多样的管理模式，让每个留守儿童都在关爱中健康成长，为农村未来人才的素质提高提供了强有力的保障。

农村学校教育管理提升的探索与思考

俗话说："十年树木，百年树人。"近几年，在各级政府的重视和领导的大力开拓与努力之下，我们顺利通过"两基"迎"国检"，加上在脱贫攻坚"两不愁三保障"的重视之下，现在农村教育质量提速很大。

目前，贵州省大多数农村教育正在以崭新的面貌向前迈进。首先是幼儿教育快速普及，农村偏远地区每家每户的儿童都有机会接触幼儿教育，已经标志着农村家庭对子女的教育意识得到很大提高。其次是农村大多数学校办学条件得到很大改善，从县城到偏僻乡村的校园面貌焕然一新，在农村，许多最好的建筑就是学校。

但要想让农村教育稳步、良性、快速地发展，还需要用一双锐利的眼睛，看到发展中存在的许多不足。如：因为农村学生身处大山，中小学生大多视野狭窄、家长的文化素质差、教育意识淡薄；农村人文环境差、经济落后等原因，导致农村学校存在教育资源匮乏、师资力量不足、留守儿童家庭教育的严重缺失等问题，给学校特别是乡镇学校教育带来了严峻的考验、提出了更高更难的挑战。

那么怎样克服农村基础教育中存在的问题，让农村教育少走弯路，让学校教育发展得更快更强呢？结合长期在农村教育工作的思考，笔者主要从以下几点谈一些看法。

一、要有敢想、敢干、会想、会干，富有亮剑精神的农村校长来引领

苏霍姆林斯基说过："学校的领导首先是教育思想的领导，然后才是教育行政的领导。"有什么样的校长，就有什么校的学校，校长有什么样的思想，就会办出什么样的学校。所以作为农村校长，应做到以下几点：

一是要有自己的精神特质，做一个心怀宽广、高瞻远瞩、意志坚定、追求卓越的优秀校长。在自己精神特质的带动下，使学校教师的眼里透出的是自信，蕴含的是职业的自豪感和浓浓的书卷气。

二是校长要注重自己的品德修养，俗话说："上梁不正，下梁歪。"孔子说："其身正，不令而行；其身不正，虽令不从。"选择了教师这个职业，就选择了教师职业的生活方式。为使学校有更强的凝聚力，教师要在工作上踏实努力，在生活上严于律己，从不酗酒闹事，从不打牌，从不赌博，正直肯干。

三是做校长的应具有全方位的能力，坚持学习，不断充电，学为己用。如：每天坚持睡前看书提升自己，关于教育的论著、报纸杂志，都要在抽时间浏览后，再结合自己外出参观学习到的理念和方法，联系本地本校的实际加以运用。使学校在管理、组织协调，决策创新、发展等方面具有科学性、和谐性、原则性。以此来提高学校宏观指导才能，让一个学校良好、蓬勃地发展。如果每个农村学校都发展了，全省教育就会充满生机与活力。

四是作为校长，要终身树立"将教育落实到责任""教师发展学校，学校发展教育，教育发展国家"的观念，尽职尽责，坚守好每天的岗位，做一天和尚，敲好一天钟。在学校管理中，要细致周到、勤于观察、勤于记录，用在校的大量时间对学校方方面面的工作认真查看、认真了解，及时指导和处理事务，用更多的时间去关心理解每位教师，使学校能成为教师工作、学习、生活的乐园，让教师在和谐、民主的氛围中点燃希望与激情，微笑着教书，不断地为教育教学工作努力奋斗，让学校不断发展。如麻江县农村基础教育初中部杏山中学所面临的问题：学生大都是杏山镇偏远山区——小堡、青山、仰古、六堡、仙鹅等地的学生，这些学生家境贫寒，父母多数没有接受过正规教育，教育思想落后，并且多数外出打工，孩子无人照顾，给学校教育带来了很多困难。但在细心精心的管理教育之下，学生在县、州、省、全国举行的各级各类如篮球比赛、作文竞赛、教师技能大赛、讲课比赛、物理、化学、数学、舞蹈等比赛中，都名列前茅。所以，如果校长都具备不断提升自己、磨炼自己，具有敢想、敢干、会想、会干的"亮剑"精神，那么，农村教育就会日新月异、欣欣向荣。

二、加强学校条理性、永恒性的精细化管理

老子曰："天下大事，必作于细，天下难事，必成于易。"农业上讲精耕细作，行政上讲精兵简政，企业管理讲究精益求精等，细节也决定一个学校教育的成败，但目前农村的许多学校不能实现精细化管理，把看似简单的、容易的、平常的事忽略了。那么，怎样才把精细化管理工作做得更好，提高学校管理水平，加快教育发展步伐呢？必须抓住精细化管理的科学性、条理性。

（一）奖惩分明

从以政教处—一年级组—班主任—宿管员为一条线的管理工作，到以教务处—教研组—备课组—教师为一线的教学中心工作，以及后勤工作，都要有目的、有计划、有条理地实施，并定时检查管理，使学校教师人人知道自己该干什么、不该干什么，心往一处想，劲往一处使，做到事事有人管、时时有人管。将学校工作细化，管理责任具体化、明确化，要求每一个人都到位，尽职尽责，使每天的工作情况能得到及时检查与纠正处理等。这样奖惩严明，学校教学效率就会不断提高。

（二）从小处着手

从要求的具体、规范和提高到建立；从计划的健全、实在、落实到环节的精细；从教师的日常备课到课堂的教学管理；从问题的了解研究到考核奖惩的落实都要细化、精化。只有这样，才能更好地管理学校，使学校教育有条不紊地不断发展。

（三）抓好制度建设和完善

学校各项规章制度是教师工作的航标和方向，是抓好制度建设和完善学校工作的重要内容，大到绩效考核，小到教职工家属的和睦与团结，都要有章可循，有制度可依。

三、通过各种方式，转变教师教育观念，提高学校教师精神风貌，促进教学质量的提高

学校的发展不一定要基础设施齐全、高级，但一定要有一群高素质的教师队伍，只有这样，才能稳住农村学校的教学质量。

（一）狠抓学校教师的礼仪常规教育，注重学校教师的仪表仪容建设

马克·吐温说过："服装建造一个人，不修边幅的人在社会面前是没有影响力的。"教师的外部形象影响着学生的发展，也是一种教育资源，体现着一所学校的教育风貌，所以在管理中狠抓教师素质，首先要从教师服装衣着抓起。建立"学校为教育而着装"的理念，常组织教师学习有关着装的礼仪和要求，如：西装的穿着规范，女教师的规范衣着搭配，鞋袜的穿戴规范，男教师脸部的修整、外貌的得体等，都常抓、常指导、常搞讲座。虽然身处农村，但礼仪常规的建设使学校形成规范、整洁、大方的精神面貌，以此带动教师快速、良好的发展。

（二）注重教师的思想动态，在教育工作中形成正确的苦乐观

在许多农村学校，有很多疲于奔命型、拖拉懒散型、得过且过型的教师。在教学工作中，有些教师找不到工作的乐趣，把精力放在其他娱乐方式上。但为了学校良好的育人环境，为提高教师良好的形象，作为学校管理者，更要经常对教师进行正当的苦乐观教育、灌输正确的职业道德观念，让正确的人生观、世界观深入每个教师的心灵。如：每周例会，可以先读一篇有关德育教育的动人故事，做到常规化、制度化，使"师有百行，以德为首"的理念深入每位教师的心灵，不断规范学校教师形象，让教师远离不良习惯，真正做到为人师表。用精心、细心、爱心打造学校的优良教师队伍，提高学校教育教学质量。

四、素质教育和应试教育要两手抓，两手硬

有许多人认为，抓好了素质教育，会忽略了应试教育；应试教育上去了，素

质教育会塌下来。这些认识都有失偏颇，素质教育和应试教育是相辅相成的，应该两手抓，两手硬。

（一）规范学生言行，重视思想教育，营造学校文化氛围，打造农村和谐书香文化校园，培养人文精神，全面提高学生素质

学校是全校师生每天生活、学习、工作的地方，良好的校园环境，给人以美的熏陶与感染。从食堂到厕所，从教室到走廊，从林间小路到每个楼梯间，从一木一草到花墙走廊，学校领导都要细心考虑、精心设计与经营，构建书香校园，打造书香班级，营建浓郁的校园文化氛围。让每一面墙壁都散发出浓郁的书香，每一个角落都萦绕浓浓的人文气息，让学生每时每刻都在耳濡目染中，沐浴着文化的光辉。另外，学校每学期还要举办如体、卫、艺、理、化、生、语、数、外等各种竞赛活动，让每班学生积极参与，促使全体学生有事可做，有奖可激励，让师生"与书本为友，与大师对话"。这样，用多种方式建全学生人格，使学生全方位提高素质。

（二）强化"科研学校"的意识，抓好应试教育工作

现在提倡的理念是"要给学生一桶水，教师要教会学生寻找源头活水"，这源头活水就需要教师不断学习。因此，要做一个有远见卓识的校长，就要重视教育科研，并亲自参与学校各项教研工作，如学校常开展"上课、说课、评课"等各种教研竞赛活动，常组织教师参加各种学术、讲座、教学沙龙、外出参观、考察等教研活动，采取多种方式，形成制度，开阔教师视野，真正把科研意识渗透到教师的育人思想上，使教师在科研工作中不断迸发出智慧的火花，把科研的行为和智慧运用在每天的课堂教学工作中，用在每天教书育人的实际工作上。用学校科研工作不断提升学校教育教学的品质，使应试教学成绩不断提高。另外，学校制定并抓好教学成绩奖惩工作，激励鞭策教师，使学校教育教学成绩得到提高。这样，在应试教育成绩提高的情况下，才会带动农村基础素质教育的发展，只有水陆并进，农村教育才会快速发展。

总之，如果农村教师都有"我以我心付童心，笑看花苑迎朝阳"的大爱，都有"捧着一颗心来，不带半根草去"的大义；如果农村校长都有敢于担当、勇挑重担、服务到底的大志，都有敢于创新、敢于超越、敢于"亮剑"的大气，共同为农村教育奋斗，相信农村基础学校教育就会出现更美、更好的明天。

农村学校联片教研提升学校办学质量的方法

因农村办学经费薄弱，不能满足所有教师外出学习交流的愿望，为加强农村学校之间的联系与交流，拓展教师的教学视野，达到教师之间教学智慧的碰撞提升，近几年来，我在担任教研室主任期间，狠抓校际的联片教研工作，提升农村学校办学质量。

一、城乡联片教研　教师共同发展

为了推进课程改革的深入发展，更好地帮助一线中小学教师实现从课改理念到教学行为的转变，充分利用和发挥我县优质资源使城乡均衡发展，提升农村基础教育学校教育教学质量，县教育局聘任了 37 名兼职教研员，出台了兼职教研员管理办法和工作方案。

在政策制度保障之下，全县共分四个联片区进行联片教研工作。其中中学分为两个片区，第一片区由第二中学、谷硐中学、坝芒中学组成，第二片区由杏山中学、贤昌中学、龙山中学、宣威中学组成；小学分为两个片区，第一片区由杏山镇、宣威镇、龙山镇组成，第二片区由谷硐镇、贤昌镇、坝芒乡组成。

围绕"高效课堂，提升教学质量"这根主线，各联片区有计划、有专题、有方案、有保障措施和督导检查办法地开展优质课、公开课、观摩课、学科竞赛、评课比赛等活动。每次活动先由学校开展理论学习后，根据每个学期教研室给定的教研主题进行校级竞赛，再到联片区的竞赛等活动，达到普及性和实效性，促进全县农村及城镇教师的共同发展。

二、实现联片教研活动的规范化、成效化管理

我们在片内成立以校领导、教研组长为主的联片教研领导小组，负责联片教研的具体实施和过程指导。一方面，注重联片教研制度建设，促进活动的有效性。另一方面，关注联片教研的实施过程，科学制定教研活动计划、目标实施方案等，有效整合各学校校长、教研组长、专业教师等各种力量，从解决实际问题出发，实行"实践—反思—实践"的活动模式，扎实开展教育教学研究，切实从活动中提升经验，提高研究质量，发挥联片教研应有的作用。

三、充分利用县教研室的专业引领作用

教研室组织教研员有计划地深入全县各中小学校听课、评课，有针对性地指出农村教师上课存在的不足，并定期做好各学科教学方法讲座，做好专业引领。

四、共享资源，教师在学习与互动中提高素质

在联片教研过程中，不断收集整理教师们的闪光之处，对各学科优秀典型的教法进行归纳整理，并组织各年级各学科教师撰写教学心得，定期开展各学科教学论坛，还可以收集教师的试卷库，在全县交流提升，达到资源共享的目的。

五、联片教研形式多样，教师交流空间广阔

各联片教研围绕县教研主题开展好教研工作的同时，各片区也要根据实际情况开展各式各样的教研活动，如骨干教师送教下乡活动；"同课异构"活动、期末出题编写活动；按计划开展说课讲座培训工作及说课评比活动；教研组长跟班学习交流活动；"自主互助"课堂教学模式研讨课活动；校际交流、预约听课、推门课、中考经验交流活动等。达到了专业引领、同伴互助共同成长的目的。农村教师借助联片教研这个广阔的平台，使专业发展得到了巨大的发展空间和有力支撑。

农村学校"小班化"教学的实施策略与方法

随着脱贫攻坚的不断优化，乡村振兴的不断提升，移民搬迁及城镇化的不断推进，虽然农村教育基础设施在不断改善，但农村学校的学生却越来越少，大多数班级学生只有 20－35 人，导致了"小班化"，那么，农村学校的"小班化"教学如何有效实施呢？

一、"小班化"教学的内涵

（一）"小班化"教学是时代的需要

随着社会、科技的飞速发展，传统的教育教学观念、教学方法等已经难以适应社会发展的要求，过大的班级规模使教学不能充分适应学生的个别差异，无法照顾每个学生的兴趣爱好。因此，人们开始探索缩减班级规模，由此便形成了"小班教学"。如麻江目前的教育形式逐步走向内涵式的发展，多数乡村学校学生人数趋于"小班化"要求人数，因此，"小班化"教学改革势在必行。

（二）"小班化"教学的概念

"小班化"教学，是以促进学生素质提高与既全面又有个性地发展为目的，在缩减班级学生规模的基础上，通过对教学的时空、教学内容、教学方法、教学技术、教学策略、教学模式以及教学评估等环节的改革，而形成的一种新型的班级教学活动形式。

（三）"小班化"教学的特征和核心主旨

特征：班级人数相对较少，但绝不是本质特征。

核心主旨：促进每一位学生全面而富有个性地发展，对不同学生的不同学习水平、学习速度、学习能力倾向，应该给予不同的引导、帮助，充分挖掘每个学生的潜能，为每一个学生个性特长的发展提供机会，使每一个学生的个性得以张扬，让每一个学生都能主动和谐地发展并获得成功。

二、"小班化"教学的历史背景和班级人数确定

（一）历史背景

自 17 世纪初捷克大教育家夸美纽斯提出班级授课制以来，它为工业革命输送了大批合格的技术人才。这是近代教育史上的一件大事，对提升人类的整体素质起了至关重要的作用，对现代教育亦有着深远而广泛的影响。如今进入信息化时代的 21 世纪，教育必须以培养现代人（即具有独立个性和人格、适应现代社会并促进现代社会发展的创新人才）为目标，与之相适应的教育观念、教育内容、教育手段也应更新，这使得传统的班级授课制弊端日显。

研究表明，教师的视野覆盖范围一般不超过 25 人。精力有限的教师只能"抓两头带中间"，即比较多地关注好与差的学生，中间的学生只能一带而过。而"小班化"教学保留了班级授课制的优势，仍以班级作为基本教学组织形式，同时又避免了传统的大班额不能充分适应学生个性差异，无法照顾每个学生的兴趣爱好、学生的个性化培养受到忽视的情况。

（二）目前全国"小班化"改革情况

在 20 世纪 80 年代末，北京、上海、天津、南京等地区借鉴欧美、苏联"小班化"教学的实践经验和理论学习开始实施。如上海初选 10 所小学试点，至 2000 年已有 280 所，至今有许多值得借鉴学习的经验，如重组织、重总结等（如上海郑立达的《"小班化"教学实践初探》强调课程设置、教学策略、教学评价）。但目前我国"小班化"教学仍然存在问题，如本土理论研究缺乏、高度理论概括不足、结合具体的情景行动研究较少等。

（三）"小班化"教学班级人数的界定及效果

班额：近年来，"小班化"教育在美国、日本、英国等十多个发达国家都已广泛实施。关于小班的班额，美国小学已降至 25—30 人，英国小学为 30 人，德国、法国小学为 23 人，瑞士小学为 19 人。结合麻江实际，《麻江县"小班化"教学改革试点工作实施方案》要求原则上实现 30 人以下的标准班额。

效果：据美国学者对过去 50 年间发表的论述学生成绩与班级规模关系的近 300 篇论文表明，班级人数规模下降至 30 名以下，学业成绩普遍上升，学生能力普遍增强。

三、"小班化"教学的优势

（一）"小班化"教学使师生关系融洽和谐

由于人数的减少，学生受教育的时间、条件得到改善，师生交往的频率加大，交往机会增多，师生之间更加了解，关系更加密切。如班级学生在 20 个左

右时，座位可排列成马蹄形、V形、T形等。这大大拉近了师生之间的距离，使师生间的情感更易交流、关系更融洽和谐。

（二）"小班化"教学有效实现因材施教

由于班额减少，教师的工作量减轻，有大量时间来分析学生的个性特点，做个别指导。在空间上，实行小班教学后，教师空间增大，能增加师生间、生生间交往的频率，教师的"照顾面"明显扩大，有更多的机会在教室内巡回，这有助于老师关注每一个学生的发展。在形式上，小班教学可以采取各种教学形式，照顾到班级中学生之间的差异，灵活掌握教学要求和进度，并及时调整教学结构。

（三）"小班化"教学能更好地实施探究性学习

"小班化"教学融洽的师生关系提高了学生的思维开放程度，较大的学习时空有利于组织各种学习形式，如可以或个人，或结对，或小组，或全班……去做诸如阅读、实验、思考、记述和讨论等多种多样的活动，这为探究性学习提供了条件。小班教师实施班级管理的跨度较小，有足够的精力进行优化管理，有利于形成良好班风，为探究性学习提供良好的环境。

（四）"小班化"教学利于学生的身心健康

据卫生部门测试，小班教室内二氧化碳的含量明显低于普通班。学生的心境、教师的心境也会放松，更利于学生的健康成长，从而提高学生的学习成绩。同时，"小班化"教学更有利于对学生开展心理健康教育，因为人数的减少使教师有充分的时间分析、研究学生的心理，从而对学生开展心理健康教育，提高学生的心理健康水平。

（五）"小班化"教学更有利于学生个性的健康发展

人数的减少让教师在充足的时空下培养学生各方面的素质，个性特征得到充分释放，可以在课堂上让学生发挥更多的表现力。

不足：课堂气氛可能不那么热烈，学生之间的竞争力也不那么强。也可能会因为活动增多而影响文化知识的落实，或因讨论过多后教师收不住学生情绪而影响教学进度。面对这些问题，老师们不能掉以轻心。

四、"小班化"教学的设计与方法

（一）教师要转变观念

农村教师必须提高教学新理念，不能再满堂灌，必须调动学生的积极性，以学生学习合作体验为主。

必须树立"学生主体"意识和"全人"意识。学生是教学的主体，处于教学活动的中心地位，需要充分享受均衡的教育资源，全面发展。

必须树立服务意识。服从学生的发展、需求，更新教学手段，创设和谐的教学氛围，提高教学质量。

有效地组织教学活动，培养学生求知、求新、求真的探索精神。

（二）创设温馨、民主、平等、和谐、愉快的环境

创设有主题的温馨走廊文化、图书文化。

精心布置能点燃学生奋斗拼搏精神的教室环境。"小班化"教学班级的教室布置要以学生为本位，讲台摆放以方便师生交流为原则，座位要根据学生实际进行灵活多变的安排，便于开展师生、生生之间的合作交流。教室闲置的地方要设置有利于学生身心健康的图书角、科技角、学生作品展示角等，教室墙壁悬挂名言警句、学生自己创作的激励性条幅或学生分组合作成绩竞赛展示栏，或在教室里设立一个小书库，每周或每月在黑板报中公布一批"学习标兵"等。总之要让教室成为家庭式的温馨环境，成为学生们互相学习、互相竞争、激发进取心的乐园。

积极营造健康和谐的课堂教学氛围。精心备课、创设问题、激发兴趣、创造愉悦积极的讨论环境，发挥学生的主体性，并进行深层思维训练。

（三）"小班化"课堂教学的设计与方法

1. 学生分组

可以是2—6人的组合，并设置组名。教师根据学生的知识基础、兴趣爱好、学习能力、学习习惯与品德行为，把学生粗略划分成四大类：优秀、良好、一般、较弱。

可以是2人的组合，按照学生自愿或教师指导安排的原则把全班学生安排成一个优秀生与一个一般生的2人学友组合。

可以是3—6人的组合，即1个优秀生与2—5个后进生的学友组合。

以这样的形式安排座位便于在课堂上提供交流讨论的机会，讨论的形式以同桌或前后讨论为主，但也可以就近交流或自由下位交流。

在教学中，教师要注重培养学友间的"一荣俱荣，一损俱损"的团队意识，学友间相互督促、管理，相互培养好的学习方法和技巧，对学友的思想、行为、学习、纪律等进行全面管理，学友的责任是接受教师的全面管理，形成良好的学习习惯，增强学习信心，发挥各自的特长，将优势显现出来，注意及时弥补不足，不断提升自己的学习能力和综合素质。组长可以轮流担当，也可以让小组内每一个同学都分工完成任务。

2. 注重备课和精心设计导学案，注重课前的预习

认真把握教材内容，研读课程标准，查阅资料，结合自己的教学特点和学生实际，把握教学重难点、紧扣知识的复习巩固和衔接，认真设计好导学案，并发

放给学生。强调预习，在预习中充分发挥小组合作的作用，加强小组长课前的检查工作，让每一位学生都充分预习。

导学案的形成步骤：学科组长拟定课时"训练点"；备课组完善课时"训练点"；主备教师按训练点要求编写初稿；备课组审议，提出优化建议；主备教师按建议修改导学案；学科组长完善、审定导学案；学科组长签名，并交付印刷。

导学案的基本构成：基础部分（基础起航）＋要点部分（要点探究）＋拓展部分（巩固拓展）。

导学案的使用方法：提前一天发给学生，学生按要求独立完成；学科组长批改，教师选择性批阅，并进行二次备课；课前，组长将前两部分内容进行组内分工；组内交流"基础部分"；教师有选择地引导学生进行小展示；组内交流"要点部分"；教师将"要点部分"组合切块，分到小组；各组进行深度探究；组织全班进行"要点部分"的大展示；教师引导学生完成或展示"拓展部分"。

3. 课堂流程的设计与方法

有步骤地提出问题→个体自学→自愿结合、互帮互学→小组交流→各小组派代表汇报→展开全班范围的讨论与交流→学生互评。

麻江县学校"自助互助"教学流程：

第一步：创设情境，导入新课。

教师根据课堂教学内容，创设相应的教学情境导入新课。如：设计巩固上一课教学重难点的提问、速算竞赛、演讲小故事、小品表演、播放音乐、看视频等。

检查学生预习导学案的情况，或者创设教学情境导入新课。目的是激发学生求知欲望，聚拢学生分散的注意力，让学生自然进入最佳的学习状态。此环节以学生活动为主，特别是设计上一课教学内容重点的提问时，让学友先回答，师傅补充，教师鼓励总结。时间为3—5分钟。

第二步：问题引领，自主学习。

教师根据本节课的教学目标和重难点，由浅入深地引导、启发，并提出问题，学生根据目标问题自主学习，在学习过程中发现问题、提出问题，与学友交流互助并解决问题，然后以组的形式，学友先回答，师傅补充回答，无法解决的问题提交给其他同学或老师。此环节以学生自主活动为主，教师适时引导，活动时间约为10分钟。

第三步：互助交流，深入探究。

此环节为课堂学习的核心环节，教师根据教学目标和重难点，结合学生自主学习或提交的问题情况，层层深入地诱导、启发，学生以互助学习为基础，以2人或3—4人或临时自由组成小组的学友形式，带着问题，通过交流讨论、互教互学等活动由浅入深地思考，通过互助交流不断挖掘学生潜力，让学生在自主互助中完成学习目标。在此环节中，每一个问题都要留出合适的时间让学生自主思考、互助交流。回答问题时学友先说，师傅补充修正，教师再引导、点拨、启发、总结。每节课的目标和重难点犹如剥竹笋一样层层突破，教学时间一般约为25分钟。

第四步：拓展总结，巩固提升。

教师选取与本课内容有关的知识点或具有现实意义的问题，比较拓展，学友相互交流本节课所学到的知识，特别是知识易错点、教学规律、学习方法和参与的心得等。然后以组为单位，让学生自主展现学习成果，教师在此基础上进一步从解题思路、答题技巧、学习方法、注意事项等方面进行点拨、总结、提升。

教师再根据本节课学习的重难点，提炼出经典习题并进行当堂检测，评比巩固提升。此环节由学生的总结和教师的总结交错进行，以学生活动为主，活动时间约为5分钟。

以上四步教学流程，是自主互助课堂教学模式的基本操作流程，犹如一栋房子的框架，各教师可根据不同学科、不同学段，结合教学实际，结合培训学习和充分利用"班班通"等丰富教学资源。在以这四步教学流程为框架的基础上进行拓展，融进不同的教学策略，牢记"自主互助"这个中心词，全面锻炼学生自主互助获取知识的能力，做到"不愤不启，不悱不发"，达到课堂模式改革的高效性。

表1-1 教学流程

环节	中心内容	学习方式	时间（分钟）	评价分值
准备	导学案	1. 学生课前自学完成 2. 教师重点批阅、二次备课	2	完成分：1—6分
起始	基础部分	1. 组内交流（课前组长分好工） 2. 小展示（内容灵活选择）	8	展示、补充分：1—3分
探究	要点部分	1. 组内交流（整体把握） 2. 教师分工（题量、小组） 3. 深度挖掘（答案、展示） 4. 大展示（到位、点评）	25	1. 展示分：4—6分 2. 点评分：1—3分（不限）
结尾	拓展部分	直接展示（拔高性、巩固性）	5	灵活处理

4. 课堂教学流程设计追求的有效课堂

学生参与度高（高度投入）；学生参与面广（无死角）；学生自主学习时间、有效发展时间长；教师有效指导、点拨、总结、提升；培养人才、提高成绩。

5. 达到有效课堂注意交流讨论的原则

"小班化"教学非常注重培养学生自主学习的精神，鼓励学生对问题有不同的见解，学生在课堂上开展热烈的讨论甚至激烈的争论，会使课堂气氛活跃。

（1）讨论交流要注意

学会用"两种声音"说话，组内互助交流时声音要小，全班交流时，声音必须洪亮，口齿清晰，要展现出对问题的理解。交流过程中用语要规范，不仅要说明答案，而且要说明解题思路、解题方法、核心考点等。学生能独立完成的问题就不要交流，需要互助交流的问题，尽最大可能在组内解决。一看：先自学课本，查阅相关资料；二问：把自学过程中出现的问题提出来；三助：组内互相帮助，在合作中想办法解决疑难问题，突破重点难点；四提：组内交流中还不能解决的问题，提交全班交流解决。

（2）全班交流时的具体要求

老师提问，小组全体起立，先让后进的同学回答，再由师傅点评、补充，并向其他学友组发出邀请："以上是我们学友组的回答，请问其他组还有质疑或补充吗？"

（3）组长的点评要求

答案是否正确；解题方法是否合理；解题步骤是否完整，知识点的运用是否合理；回答的声音是否洪亮，语言是否流畅，表述是否清晰等；若有板书，应该点评书写是否规范；还需要用激励的语言。比如："我的学友回答得非常正确，以后继续努力""我的学友总结得非常全面细致""我的学友做得完全正确，我再重点强调一下做这类题要注意的是……""我的学友回答得比较全面，我再做一下补充……""我的学友回答得有问题，我纠正一下……"等。

6. 注重作业的当堂练习或及时面批、及时指导

7. 充分利用多媒体技术和网络技术

在小班课堂教学中进行多媒体教学，使教学具体化、形象化、信息化。

8. 注重课堂教学的评价方法

（1）平时评价与阶段评价

除了每堂课对小组进行随时奖励加分之外，还要做好几个阶段性评价。每堂课由任课教师或科代表（也可以是班主任指定的负责人）记录，每堂课得分最高的前三组，就是本节课的最佳搭档，在班级量化里加适当的分数；每周五放学前，对本周内各组的表现进行汇总，并评出每周黄金搭档六对，在班级的表扬栏里进行表彰，并在班级量化里加分；期末结束，综合考试成绩和平时的量化积分，评出各类标兵，颁发奖状或荣誉证书。

（2）教师口头表扬与肢体语言表扬相结合

对于学生的鼓励，最简单的方法是口头表扬。老师看到学生的良好表现，要当场加以赞赏。比如："你这节课发言了好几次，看得出来你是个善于思考的好孩子""你的想法很有创意，看来你是认真思考了""你的进步可真大，老师为你感到高兴！""××组交流得非常热烈""××组长非常耐心地指导同学"等，用这些简单的话语树立信心、激发学习动力。另外应经常使用肢体语言进行鼓励，如一个淡淡的微笑，给学生平添一份自信；一个轻轻的点头，让学生感受到老师的肯定；老师竖起大拇指是对学生无言的赞赏；老师用掌声赞扬学生的激情等。

（3）组内同学间的相互鼓励

教师单方面的表扬和鼓励，不能全面地激发学生的动力，还需要让组内同学相互评价，让他们互找优缺点，这样做对于学生来说更有说服力。组内互评，既可以是不同组的学生之间的评价，一组谈另一组的表现，也可以是一组中的师傅和学友互评。评价的时候，主要谈别人的优点，也可以说说自己从别人的表现中得到了什么启发，有什么收获，尽量不说或少说缺点。这样可以让学生学会赏识他人，善于发现别人的优点，以便扬长避短，使自己不断进步。

（4）多样评价

课堂教学评价可以做到多样化，例如给学生发一朵小红花、一个笑脸图章，写上一句鼓励的话、在桌子上粘上一颗五角星、定期向家长发报喜短信。还可以定期把评选出的优秀学生在学校或社区进行宣传，或是满足优秀学生一个愿望等。丰富的表扬、奖励形式有助于充分激发学生的进取心。

（5）填好量化表

如评选读书之星、书法之星、进步之星、指导之星等。

表 1-2　小组合作学习课堂评价表

组名	预习	展示	点评	附加	总分
阳光组					
快乐组					

五、提高农村学校"小班化"教育成效的其他辅助方法

1. 练习书法，将其形成常态化教学制度，教会学生写字的方法，坚持每天至少有 20 分钟练习书法的时间，学以致用，规范学生作业时的写字习惯。

2. 一周至少安排 1 节课或一小时以上的读书时间，做到定时间、定内容，并做好读书笔记和检测工作。

3. 训练做题、答题思考能力。

4. 开展师生读书活动的评比工作，如读书笔记评比工作、作文竞赛、读书氛围的营造环境评比等，提升视野和理论知识。

5. 开展书法写字比赛，包括抽查学生练字本、开展写字活动、简报等相关内容。

6. 开展"小班化"教学论文、课堂案例比赛活动、常规检查、研究沙龙等。

农村学校开展诚信教育的方法

农村学校的学生主要来自贫困落后的山区，多数是留守儿童，存在不良的学习和生活习惯。如衣冠不整、说脏话、乱吐乱扔、抽烟、逃课等，有部分学生还有撒谎、抄袭作业、考试作弊等不诚实的行为。诚信是基础的道德规范，党的十八大提出社会主义核心价值观中"爱国、敬业、诚信、友善"是公民个人层面的价值准则。那么，怎样在农村学校开展诚信教育，培养讲诚信的合格学生呢？

一、农村学校学生诚信缺失的原因

（一）家庭教育缺失

家长是孩子最好的教师，家长对子女的品德形成、个性发展及行为习惯养成等方面会产生极其重要的影响。家长的言行举止会给孩子的心灵打上深刻的烙印，但农村一些家长自己就不讲诚信，加上大多数留守儿童随爷爷奶奶生活，隔代教育不到位，久而久之，导致学生诚信缺失。

（二）攀比心理

有部分学生因家庭经济条件无法满足其需求，受社会不良风气影响，有攀比心理，在虚荣心的驱使下会有撒谎、偷盗等行为。

（三）学校应试教育的影响

德育工作本应是学校最重要的工作，但由于考试竞争的压力、家长的期望、社会的评价、上级教学考核等因素，学校往往重智育轻德育，导致对学生品德教育的力度不够。学校片面追求升学率，给学生以误导，使部分学生不重视自身的道德修养和品格完善。

（四）社会环境的影响

虽然学生大多数时间生活在家庭和学校里，但社会上很多不良风气对他们也有很大影响，如拜金主义、享乐主义和作假现象，会对学生的诚信意识产生不可忽视的重要影响。

二、农村学校开展诚信教育的方法

（一）优化校园诚信环境、营造校园诚信氛围

打造良好的诚信环境。如设计诚信文化长廊，每天利用课间播放诚信教育的故事、诗歌等，又如学校校徽设校歌、校训、班级文化以诚信为主题设计，每个月开展诚信教育评选比赛活动等，通过良好的氛围和环境的打造，对培养学生诚信意识起到潜移默化的作用。

形成良好的诚信榜样效应。领导是中层干部的榜样、中层干部是教师的榜样、教师是学生的榜样，因此，学校应重视加强领导廉洁奉公、坦诚待人、诚实守信的工作作风和为人处世的教育，注重培养教师遵纪守法、敬业爱生、诚信谦逊的教育风格，注重学生遵章守纪、诚实学习、立信励志的培养，使整个学校形成良好的诚信教育链，让诚信凝聚在学校每个人的心中，达到很好的教育效果。

（二）采取多元化诚信教育手段

诚信教育不仅局限于课堂或书本上有关诚信的德育内容，而要以灵活多样的方法，根据青少年的年龄特点开展多元化的诚信教育手段。如举办以诚信为主题的演讲、主题班会、征文比赛、师生评选、辩论赛等活动，使学生在具有趣味性的活动中潜移默化地接受教育，自觉培养诚实守信的品质。其次注重学生日常生活行为规范的诚信教育，如要求学生不说谎话、不抄袭作业、考试不作弊等，引导学生自律诚信、自强奋斗。

（三）重视学校、家庭、社会的诚信教育

诚信教育是一项长期而艰巨的工程，仅靠学校的力量是不够的，只有争取家长及社会各界的大力支持和配合，才能形成有效的教育合力。因此，学校应通过多种形式与家长沟通，如成立家长委员会、邀请家长座谈、电话联系、各班定期开展家长会等，对家长也实行定期的诚信教育，发挥他们在学生诚信教育中的促进作用。另外，可与社区结合，发表关于诚信教育的文章、组织诚信教育活动，聚合学校、家庭、社会的强大力量，形成良好的诚信大课堂，促进学校诚信教育的发展。

三、开展诚信教育的注意事项

（一）关注学生年龄特征

虽然诚信教育贯穿人生全过程，但是对学生来说应有不同的侧重点。具体说来，应该让学生养成讲实话、不抄袭作业、不抽烟喝酒的生活和学习习惯，帮助他们认识诚信对个人、集体、家庭和社会的重要意义。及时肯定和鼓励他们的诚信行为，使他们逐步自觉地把外在的行为内化为道德标准。

（二）关注学生家庭情况

农村学生家庭情况差异较大，留守儿童较多，隔代教育现象普遍，学生的行为习惯和智力水平参差不齐。对学生的诚信教育既要关注行为结果，也要关注行为过程。要深入考虑到不同学生的家庭实际情况，因材施教。

（三）关注学生现实生活

诚信教育不能停于口头、留在纸上，要尽量让青少年置身于真实的诚信道德生活之中。在诚信教育中，要精心选择和设计符合青少年心理活动、认识水平和社会交往的情境，让他们直接面对、判断、抉择和处理关于诚信的典型事例，只有这样，才能触动学生心灵，逐步提升其诚信水平。

四、结语

总之，多一份诚信，就会少一份丑恶，多一份美好；多一份诚信，就会少一份低劣，多一份和谐。因此，抓好学校诚信教育，就要让诚信美好的思想融入学生灵魂，让文明行为成为学生的终生习惯，影响周围的人树立好的榜样。以此不断形成和谐的校园氛围，让学校成为诚信教育的圣地。

抓好"四大战略"，办好让农村人满意的教育

为了加快教育现代化、开创教育强国历史新征程，党的"十九"大报告指出，建设教育强国是中华民族伟大复兴的基础工程，必须把教育事业放在优先位置，加快教育现代化，办好人民满意的教育。要全面贯彻党的教育方针，落实立德树人根本任务，发展素质教育，推进教育公平，培养德智体美全面发展的社会主义建设者和接班人。这为教育强国明确了发展的方向和蓝图。

学校是培养人才的圣地和摇篮，中小学校教育是培养人才强国的基础，作为农村中学，将在"十九大"精神的感召之下，围绕县教育和科技局提出的"德育优先、师德提升、课堂革命、管理增效"四大战略要求，坚定不移地将"德育优先"放在第一位，不断提升师生思想素质，加快课堂教学改革步伐，加强学校管理。

一、德育优先 提升素质

做人，先立本，本立而道生，这本，就是德育之本。中学阶段是学生的世界观、人生观形成的重要阶段，也是考验教师素质的重要教育阶段，只有成功的道德教育，才能为学师生的健康成长和发展打下良好的基础。

（一）善于学习，在每一堂课中渗透德育

要"德育优先"，就要加强学习、善于学习，做好德育的表率。每个学期，学校可以有计划地组织教师学习《教育法》《教师法》《中小学教师职业道德规范》《未成年人保护法》等教育法规，增强教师遵纪守法、依法施教的自觉性，提高教师科学育人的水平。然后，组织教师学习教育专著，从大师们的著作里汲取德育养分，并结合各学科教学融会贯通，在平时的教育教学中，把德育渗透到每一堂课里，规范好学生的行为习惯，提高其思想素质和境界。

（二）以学生为本，在全面发展中深透德育

学校的教育对象是学生，德育课教学要做到以人为本，首先就是要以学生为本，从学生健康成长发展的角度进行德育课教学。因此，在农村学校教育中要注重抓好师生的特长发展。每年组织师生参加各种社团活动，为书法、绘画、体育、艺术等课外活动创设平台，充分让师生个性特长得到发展。在全面发展中深

透德育，使学生健康全面发展。

（三）做到课间德育常态化

课间操是学生每天必须参加的一项体育活动，同时也是校园体育文化建设的重要内容和综合反映，因此，应充分利用课间操时间抓好德育工作，每周定时安排专管德育的教师做好课间操的训话和德育，做到常态化，使学生对德育耳熟能详，常记于心。

（四）充分运用主题班会做好德育工作

班会课是总结一周来学生得失的教育课，通过主题班会来澄清是非、提高认识、开展教育，对促进学生成长和树立人生观都起着重要的作用。因此，学校应该注重组织各个班级开展好主题班会活动，充分发挥学校德育的潜力，调动师生的积极性，提高德育质量。

二、提升师德，建设良好的师资队伍

教师被称为"人类灵魂的工程师"。教师要塑造学生的灵魂，首先要塑造自己的灵魂。教师既要言传，又要身教，而身教重于言传，所以教师特别是农村教师必须加强职业道德修养，具有优良的品德和高尚的情操。

脱贫攻坚后，在农村学校硬件设施不断优化的情况下，应加强"三横三纵"网格化管理，横向到边，纵向到底，使党建工作全覆盖，强化师德师风工作。

"三横"就是学校通过不断总结，构建"党建＋"模式，把党建工作与教育、教学、管理结合起来，充分发挥党的领导核心作用、基层党组织的战斗堡垒作用、党员的先锋模范作用，从而形成了以党建为引领，统筹推进各项工作协调发展的良好格局。"三纵"即是"三创三促"的党建工作方式，加强党组织自身建设，加强党员的学习教育管理，建立党员活动平台，发挥党员作用。围绕学校中心开展工作，让纵向形成线、穿成串，使党组织更具有凝聚力和战斗力，建设良好的师资队伍。

另外，还需要加大请进来、走出去的培训力度，为广大教师提供更多更广的培训平台，使教师跟上时代的步伐，为培养教师成为有思想的教育家奠定基础，使教师逐渐成为学校基础教育战线上的生力军。

三、课堂革命，加快课堂改革步伐

只有课堂改革，以学生为主体，才能提高课堂的教学效率，让教学质量不断提升，也才能打响麻江的教育品牌。

作为农村学校，更要突破创新，加大课堂模式的改革。在课堂教学改革过程中，应加强教研常规化管理，重视名师的龙头带动和骨干示范作用。在实际工作中，鼓励学校骨干带动缺乏理论知识和方法技能的教师进行教育科学研究，采取

"传、帮、带"的方式培养本校的骨干力量，尤其是作为后备力量的年轻教师。使一大批教师能够在课堂教学中讲科学、讲方法、讲效率，形成一种在教学中"先富带后富"的模式。在校内积极组织多种形式的课堂大练兵，坚持实践创新和理论创新并重，积极开展优质课、优秀论文、优课堂设计的"三优"评选。围绕教学创新开展人人上一堂精品课、观摩课、课堂教学大比武、校内优质课及教学能手评选等活动。利用这些活动开阔教师的视野、增强教师的科研意识、提高教师的科研水平和课堂教学模式改革的能力，加快课堂改革的步伐，推动教育教学的发展。

四、管理增效，优化学校管理水平

学校的管理是一个系统工程，细节决定成败，每一个环节都是一颗很重要的螺丝钉，只有每一颗螺丝发挥了作用，整个学校才会稳步有效地发展。

（一）加强班子建设，发挥党员的先锋模范作用

一位党员就是一面旗帜，学校的发展离不开班子的建设，只有班子的先锋模范作用得到发挥，才能带动学校的发展。作为农村学校，更应该发挥榜样效应，力争践行"校长做中层的榜样，中层做教师的榜样，教师做学生的榜样，学生做家长的榜样"。要求党员干部时时事事严格遵守廉洁自律的若干规定，不断规范自己，做到廉洁奉公、忠于职守、一心一意抓好学校的管理。

（二）建立健全规章制度，有章可循促发展

为让全体教职工考核有章可循，保证教职工整体思想的稳定，要对学校的《绩效考核方案》《岗位竞聘方案》《教学质量奖励方案》等方案结合学校发展实际进行修改和完善。让规章制度约束管理学校，做到有章可循、思路清晰、不断发展。

（三）打造锻炼平台，凝聚学校向心力

学校要靠青年教师发展建设，学校只有不断挖掘人才，凝聚向心力，才能推动教育事业前进。在农村学校的管理中要大胆提拔年轻、肯干、能干的优秀教师，尽可能为他们提供锻炼平台，让他们在经过锻炼后走上更加重要的岗位。同时，为不断提升一线教师的业务水平，学校要不断地在校内树立榜样，以校内的名师、名班主任等优秀教师来引导和鼓励广大的一线教师，并尽力为全体教师提供更多的学习培训机会，让他们的业务素质得到提高，为学校发展创造更多的机会。

（四）抓牢抓实寝室、食堂等后勤的管理

寝室、食堂等后勤工作是学校的后备力量，教育教学的管理提高需要强大的后盾来支撑，所以定期检查督促后勤工作，让后勤工作的细化管理上一个新的台

阶，也是学校管理的重要环节。

五、结语

总之，农村学校要发展，就要紧跟中央的教育精神，把常规做好，把细节抓严，把过程抓实，坚定不移地将德育放在第一位。不断提升师生思想素质，加快课堂教学改革步伐，加强学校的管理，争创一流的农村办学品牌，办好让人民满意的教育。

农村学校留守儿童的管理办法

随着基础教育改革的不断深化，农村学校的资源、办学条件也在不断改善，为培养学生独立生活的能力提供了条件。同时，随着学校布局调整的推进，现在农村大量教学点撤并、农村劳动力外出务工的潮流，让乡镇小学寄宿生迅速增加，且年龄越来越小，最小的寄宿生年龄仅 7 岁。且寄宿生中有 3/4 是留守儿童，给学校对学生的生活、安全、心理健康的教育都带来了巨大的挑战——学校不仅要担当起教书育人的责任，还要担任为人父母的责任。经多方调研走访全县寄宿制学校及教师在寄宿制教育管理方面的积极探索，整理农村留守儿童管理办法如下：

一、强化安全意识，安全第一

没有安全，就没有教育，安全是教育的保障。青少年学生是祖国的未来，留守儿童也是祖国的未来，而他们正在成长之中，相当一部分学生还不具备安全意识和自我保护能力，需要学校、政府和全社会的精心爱护、保护。

学校的根本任务是培养人才，学校的一切任务是为了学生们的健康成长。确保学生生命安全是教育战线实现好、维护好、发展好人民群众根本利益的重大责任，是办好让人民群众满意的教育的基础和前提，那么，怎样做好农村学校的安全呢？

（一）建立健全安全机制，应急预案

学校根据实情，制定好安全应急预案，相关的责任教师要了解应急事件发生时自己的位置和责任，及时到达指定位置组织学生有序撤离现场。每学期开展不少于四次的应急安全演练，让学生将安全时刻记在心中。

（二）建立健全寄宿生安全管理制度

学校要形成人人管理、人人具有安全责任意识的氛围，特别是增强值班门卫、宿舍管理员的安全意识，严格执行学生考勤制度。每天发现有缺勤学生立即与班主任联系，了解学生去向，若发现问题，要及时向学校汇报并与学生家长联系。

（三）加强生活安全常识教育

学校定期召开全校安全常识教育大会，开展安全手抄报、讲故事、作文等比赛活动，让安全意识深入每个学生的头脑。另外建立严格的宿舍安全管理制度，不准寄宿生在宿舍内打闹、乱窜；注意防火防盗，不私接电源，不在宿舍内点蜡烛，不准携带管制刀具到学校。教育学生不做任何危害自身和他人安全的事。

二、注重学生自理能力的培养

寄宿学生年龄小，加上农村小孩备受爷爷奶奶父母的宠爱，不会做家务，大部分学生自理能力差。怎样培养寄宿学生的自理能力呢？

（一）自我约束、互帮互助

开学之初，教师在班会课或到寝室亲自教会学生叠被子和摆放物品，然后在全校开展叠被子、穿衣服比赛，让学生学会自我管理、自我服务、自我约束、勤于动手、勤于动脑。另外学生住宿采用低年级、高年级学生搭配或同村学生居住相结合的方式，利用学生大带小的帮扶措施，让低年级的学生能够迅速在生活自理方面成长起来。

（二）开展文明寝室评比

为调动学生的积极性，在卫生、生活用品摆放、纪律、行为、语言等方面进行寝室文明评选活动，每周评比一次并公布，并将其列入班级考核，对获得文明寝室称号的班级给予奖励加分。

（三）建立学生信息表

每个寝室的门口按照学生床位顺序张贴住宿信息表，内容包括学生姓名、住址、监护人姓名、联系电话等。让寝室管理员或生活老师对各寝室学生的情况进行基本了解，经常与学生家长沟通管理方法。对经常尿床的学生要做好登记，并将其集中到一个寝室，在夜间固定时间内，由管理员叫醒学生起夜，避免尿床。

三、健全家校联系制度

家庭教育是一个半圆，学校教育是一个半圆。没有家庭教育配合的学校教育是不完整的，没有学校教育配合的家庭教育也是不完整的，只有家庭教育与学校教育相结合，才能培养时代所需要的人才之圆。那么，怎样健全家校联系结合制度呢？

（一）建立每个寄宿生的专门档案和家校联系卡

基本内容包括：学生的基本情况、监护人姓名、联系电话、家庭详细地址等。学校要安排管理人员对寄宿生的档案进行管理，通过联系卡制度的建立，加强学校与学生监护人的联系，共同形成以学生为中心的关爱网络。

（二）建立留守儿童档案

基本内容包括：学生的基本情况、监护人姓名、联系电话、外出务工地址等。通过电话建立起教师与学生家长之间的沟通桥梁，共同为学生的心理健康成长创造一个温暖的家。

（三）定期召开家长会

学校要定期召开家长会，向家长反馈学生在校学习情况和生活情况，让学生家长随时了解孩子的基本情况，有助于教师与家长之间的沟通，及时解决学生存在的问题。

四、建立留守儿童活动室、丰富儿童生活

学生离开父母，学校成了学习和活动的主要场所，所接触的人也只有学生和老师。如果在学校里学习生活得很单调，学生就会孤独寂寞，导致情绪低落甚至厌学，所以建立留守儿童活动室很有必要。

（一）建立亲情聊天室

大部分学生家长外出务工，与学生长期不在一起生活，学生极度缺乏家庭关爱，所以学校要尽力给予关怀，让学生在学校也能体会到家的温暖。学校建立亲情电话、亲情聊天室，让学生可以通过电话与家长聊天或 QQ 视频与家长见面，维系留守儿童良好和谐的亲情关系，有助于其健康健全地成长。

（二）建立留守儿童活动室

小学生课外作业负担少，课外活动时间较多。留守儿童活动室可以为学生提供课外娱乐活动，如以乒乓球、篮球、游戏、跳绳等丰富学生的课余生活。

（三）建立兴趣小组

学校开设书法、绘画、舞蹈、写作等兴趣小组，由教师对兴趣小组进行指导，培养学生多样的兴趣，使学生德智体美劳全方位发展，同时充实学生的课外活动时间。

五、加强教师培训

要做好寄宿制学校的管理，关键在于教师能力的提高。寄宿制学校的教师不仅要在课堂上教书，还要在生活上承担起学生"父母"的责任，让学生在学校感受到家的温暖和关爱，因此要加强学校教师责任心及师德师风的培训。

（一）学校考勤制度、奖惩要分明

教师的责任心是学校教学工作的关键，如果责任心不强就不能圆满完成教学工作任务。因此，学校要制定好工作制度，奖惩要分明，如早晚集会考勤、寝室考勤、课间操、早操教师的考勤等。教师要各尽其职，每周一例会上总结上周工作情况时，要表扬认真负责的教师，对工作不到位、责任心差的教师要提出批评。教导处要加强班主任队伍的建设，将不负责任、责任心不强班主任进行及时更换，对多次教育之后还顽固不化的，要抓一抓典型。让每一位教师尽心尽职，关爱学生，认真完成教育教学任务。

（二）加强交流学习的培训制度

学校之间要形成交流学习制度，可以派教师到其他乡镇交流留守儿童管理经验，也可以在每一年暑假外派教师到省州进行培训，让外出培训回来的教师在学校开展二次培训，结合实际提升对留守儿童的管理水平。

五、结语

总之，留守儿童教育是一项现实而艰巨的系统工程，任重而道远，方法也很多。只要有一颗为儿童发展的赤子之心，充分发挥家庭、学校、教师、社会的教育功能，形成教育合力，就能为留守儿童的健康成长创造良好的环境，让他们在平等和谐的氛围中、在温暖的集体里健康快乐地成长。

第二编
精雕细镂，方成玉器
——农村基础教育教师发展的做法

　　教育的成功首先是思想道德教育的成功，"庙小乾坤大，天高日月长"，要把老师们教好、教活，这样老师才会重视对学生的培养。叶圣陶说："一个学生之好坏，关系全村之兴衰。"同样，教师队伍素质是决定教学水平和教育质量的重要因素。教育家苏霍姆林斯基说："如果你想让劳动能够给教师带来乐趣，使天天上课不至于变成一种单调无味的义务，那你就应当引导每位教师走上从事研究这条幸福的道路上来。"在农村基础教育中要加强教师科研能力的提升，在科研中精雕细镂，才能助推农村教师教学能力的提升，为面推进农村基础教育提供重要保证。

用重点课题引领农村教师科研水平的提升

麻江县在《国家中长期教育改革和发展规划纲要》和《基础教育课程改革纲要》的引导下，率先在贵州省实施小学寄宿制试点工作；率先在全省推行"3＋X"营养餐模式；率先在全省推行教育信息化；率先代表贵州省迎接国家义务教育均衡发展验收；率先实现由县级教育部门中标省重大课题的突破，随着成功立项的贵州十大重点课题之一——《贵州农村小规模学校教学质量保障机制研究》课题工作扎实有序地开展，麻江教育科研大力提升，具体措施是：

一、借课题研究实践引领，丰富农村学校良好的文化精神内涵

《贵州农村小规模学校教学质量保障机制研究》重点课题的立项，激发了教师们课题研究的信心和实践动力，我们采取"请进来走出去"一步步研究实践的办法，邀请国家级、省级、州级教研专家做报告、搞讲座或经验交流指导，适时派教师外出培训，如我们邀请到中国教育科学研究院教育政策研究中心吴霓主任、江苏教育学院附属小学校长王九红博士、省教育厅王碧海、研究院李铁安、天津师范大学王光明、贵大吕传汉、省教科院张庆肃、李洪、严卫、省政府督学周溱、省教科院高教所杨跃明、凯里学院龙泽池、州教育局张荣根、谢岑、州教育学院杨孝斌等领导及专家到麻江对《贵州农村小规模学校教学质量保障机制研究》进行不同层次的指导，后来又派出58位教师到北京师范大学聆听全国知名专家的指导。在一步步的汗水付出中得到先进文化、先进思想引导，不断积累沉淀良好的知识智慧和文化精神内涵。

二、借课题研究实践引领，树立农村教师踏实肯干的工作理念

在名师专家精神鼓舞下，重点课题的研究工作精密锣鼓地进行，从课题研究计划拟定，到具体明确子课题成员的职责分工；从组织全县语文、数学教师们参与民族民间文化进校园案例编写活动到总课题组现状调研；从田野调查研究到课题推进会的开展、研究论文的撰写到暑期对全县近200名小学语文数学教师的能力培训等。在紧张有序的研究中树立教师同舟共济、艰苦耐劳的工作精神，收获了近200篇中小学教师编写的民族民间文化进课堂优秀教学案例和研究论文，掀起全县教师及学生关注家乡民风民情、关注身边人文精神的情怀，激发了农村教师普遍注重以课堂联系实际的教研氛围。

三、借课题研究实践引领，推动农村课堂模式改革进程

思路决定出路，计划、评价、培训、指导、服务的功能在教育局，管理的主干在学校，管理的末梢在班级课堂。随着课题研究的不断深入，使我们深刻感受到课堂模式改革迫在眉睫，为提高课堂效率，教研室拟写了《麻江县义务教育课程改革实施方案》，组织全县教师学习即墨二十八中的"和谐互助"、河南郑州第102中学的"网络环境下的自主课堂"、江苏洋思中学的"先学后教、当堂训练"、山东杜郎口中学的"336"、山东昌乐二中的"271"等课堂模式。结合本县教学实际，召集全县兼职教研员、骨干教师一起在广泛学习的基础上，集百家之长，让部分中小学骨干教师进行课堂模式实践训练、汇总听课讨论，改进、讨论、实践后让各校借鉴推广，逐步形成我县独特的课堂改革模式。目前，麻江贤昌中学的"高效课堂"教学模式、杏山小学的"六基"课堂教学模式基本成型，有效地推动了我县课堂模式改革进程。

四、借课题研究实践引领，营造以书为伴的读书氛围，提升农村教师素质和学校办学品味

书到用时方恨少，随着课题研究的深入，参与课题研究的团队成员及教师们深感读书之重要，也触动教育局出台了加强读书活动的相关文件，掀起了全县教师读书竞赛氛围，如一些学校要求教师每学期至少读两本书，并作一万字以上笔记，期末进行读书心得交流，一些学校根据课题研究需求，在固定必读书目的基础上拓展阅读，并开展每月新书好书推荐，创办读书窗口、文化长廊等。现在麻江大多数中小学校园的走道、楼梯口随处都有创意新颖的图书架，随手可以拿到有益身心的图书阅读。在浓浓的读书氛围中，慢慢提升了农村学校的文化内涵和办学品位。

五、借课题研究实践引领，提升校本教材的研究水平

随着《贵州农村小规模学校教学质量保障机制研究》课题研究的不断深入，学校发现了丰富多彩的民族民间文化，激发了团队成员积极上进的智慧火花和挖掘校本教材的工作热情，各校教师在分析与研究本地民族文化资源的基础上，搜集、整理、编辑校本教材，丰富学校文化。如卡乌小学潘老师编写了地方芦笙校本教材，得到专家的高度评价；被誉为研究畲族文化的"土专家"和畲族文化守护人的赵华甫老师撰写了《贵州畲族文化》《贵州畲族与沿海畲族之比较》《六堡畲拳》《贵州畲族掌握母语现状及对策调研》《贵州畲族地区学前教育现状调研》《我们村的那些人和事》以及《走进阿孟东家人》等校本教材，填补了贵州畲族文化研究的空白，提升了麻江县农村校本教材的研究水平。

六、借课题研究实践引领，制定科研工作保障相关文件

为保障课题研究，政府出台了一系列激励教师教学研究的保障措施。如《贵州农村小规模学校教学质量保障机制研究课题研究成员管理办法》，对小规模学校课题研究人员的职责、权利、待遇做了明确规定，确保课题工作顺利实施。后来，县教育局重新修订了《麻江县普通中小学管理规程》，结合实际实施教育教学科研相关规定做了调整；《麻江县教育科研专项基金管理实施办法》的实施，让小规模学校教师教育教学科研工作在经费方面得到了保障；出台《麻江县义务教育阶段学校公用经费管理办法》，明确"教师培训费原则上控制在学校年度公用经费预算总额的15％左右，农村小规模学校不低于校年度公用经费预算总额的20％"，小规模学校教师培训经费较其他学校高出了5％，为小规模学校教师培训经费使用解除了后顾之忧。这些措施的出台，为我县中小学校的发展、教师的专业化发展提供了有力的保障。

七、借课题研究实践引领，大力提高科研水平和教育教学成绩

课题研究包裹着无尽的智慧，为不断挖掘教师们教育教学潜力和主动性，教育局出台了兼职教研员管理办法和工作方案，要求全县中小学校共形成四个联片教研组，各组按计划分任务给每一个教师组织开展好学校和联片教研活动，如：评课、说课、上课的理论知识和竞赛活动、送教下乡活动、联片检测活动、交流帮扶活动等，提高教研的普遍性和实效性，教育科研水平和教学成绩也得到很大提升。

一是教学能力、科研能力得到大幅度提升。如全县585名农村教师在省、州教育教学论文评选中获奖，其中省级280篇、州级305篇。仅半年，全县就共有42个课题获得立项，其中，省级重点课题2个、一般课题3个、青年课题1个；州级重点课题12个、一般课题11个；县级课题13个。在全州教师技能（优质课）15个学科比赛中，麻江县10名教师获一等奖，11名教师获二等奖，7名教师获三等奖，且骨干教师名师不断增多。

二是学校教育教学成绩有一定提高。首先是六所农村初中毕业考试在全州荣获教学质量奖，其次是农村小规模学校（即农村村级完小）成绩有提升，全县一至五年级小规模学校与规模相对较大的乡镇中心校语数双科平均分差值缩小，成绩逐步提高，为我县实现义务教育均衡发展奠定了坚实的基础。

三是各校对"校本研修"有了全新认识和提高。各校根据自身的发展需要，对校本研修平台的搭建开展了大量的工作，让广大教职工在这个平台上自我提升，涌现出许多典型。如第二中学的"语文星级教研组"，屡建佳绩；如农村谷硐中学的"诚信教育管理模式"；杏山中学"周五业务提升日"；坝芒中学的"山

歌飘进校园"主题活动；第二中学、坝芒中学、碧波中学、杏山中学的"四校联研"；杏山小学和杏山中学的"青蓝培训教研"等，都有效地提高了教研水平。

八、结语

总之，这一切的发展都源于根据农村教育的实情和条件，加强对科研工作的重视，源于重点课题研究的引领。让农村在科研教学中进行精细雕琢，慢慢变成玉器，不断提升农村教研教改水平，不断在农村基础教育工作中创造新业绩，共同奋力追赶发达地区。

农村学校组织教师课题研究的一些做法与思考

要提升农村中学教学质量，教师的素质提升是关键，而教师素质的提升科研是关键，只有深入研究自己教育教学中的经验和问题，扬长避短、改进工作，实现向研究型、专家型教师转变，才能有效提升农村教育教学质量。而校本课题研究是科研的核心，没有课题研究，科研兴校就是一句空话。

一、增强课题研究意识

眼界决定境界，思路决定出路，科研才能兴校，科研才能强校，科研才是提升农村教师专业发展的不二法门，农村教师只有在科研中精雕细镂、才会变石为玉，更好地服务于教学。所以学校需要重视教研教改工作、重视开拓教师视野、重视提升教师的业务素质，不断派教师到外面去学习先进理念。有了开阔视野的机会，学校教师便更容易接受新的思想。记得我有幸参加了贵州省暑期省级骨干教师培训，在培训中学到了一点关于做课题研究的知识，回来后，我在网上查阅有关课题的资料，经校长同意，我就自己所学、所理解的粗浅认识在学校举行了《如何做好课题研究》的讲座，与老师们一起学习交流课题的理论知识，分享有关课题的资料，汲取课题研究的信息和营养。然后又发放许多我查阅筛选的课题资料组织教师们进行理论学习，让教师们认识到课题研究既能扩充自己的知识面，又能提高业务素质，还能稳定地提高教学成绩。在大家都意识到课题研究的重要性后，积极组织各个教研组一起尝试着就本组存在的明显问题提炼出课题来进行研究。

我们开始参与课题的申报与评奖工作，首先是学校硬性规定每个教研组必须有一个课题，但二中是首次做课题，不知从何着手。除了加强理论学习，我还把我在宁波学习期间学到的成功课题范文复印成六本，发给六个教研组，利用每周教研例会期间和老师们一起学习探究。因为做课题比较累，加上教学工作的忙碌，只有语文组的《新课改下如何搞活农村语文课堂教学》、英语组的《新课程理念下初中英语互动教学的研究》按照宁波的成功范本坚持不懈努力。为了使英语组、语文组的课题材料做得更好，我把他们两组做好的范本拿到州教育局去找陈子玉老师一一指导纠正后再次修改。后来还有幸请到了陈子玉老师到我校进行课题讲座，让大家对课题研究有了更深的了解。功夫不负有心人，后来，这两个课题首次获得了州级课题二等奖和三等奖，结束了学校课题为零的历史，学校还专门为这两组教师给予了一点奖励，大大激励了我们学校教师搞好课题研究的兴趣和激情，更增强了课题研究的意识。

2010年，在教研室组织下，我校共有《新课程理念下培养农村孩子学习化学兴趣研究》《提高课堂有效性的策略与实践研究》《班级文化的探究和实践》《中学生禁毒教育途径研究》《初中物理实验探究教学研究》《新理念下提高农村初中语文教学有效性探究》《提高初中语文作业有效性的实践研究》《学生社会责任感的培养研究》等8个课题申报省级课题，后来有《提高课堂有效性的策略与实践研究》《初中物理实验探究教学研究》《提高初中语文作业有效性的实践研究》《学生社会责任感的培养研究》等4个课题省级课题申报成功。在课题组老师们的不断努力实践下，有3个课题在2012年结题，并获得了全州一等奖和二等奖。由此，我领悟到课题需要敢于实践、持之以恒、坚持不懈的精神。

二、具体做法

（一）加强课题管理

学校成立课题研究领导小组，挑选校长和具有一定的威望、能够组织、协调课题实验中的各项活动、能指导把关的行政人员做课题顾问，保证课题的组织检查和指导工作。如凌文敏主任负责课题的组织与联系，监督完成每个阶段工作的阶段总结和材料的上报等工作；我做好检查和修订、提建议的工作。组织学习和分析省规划课题指南，结合本校教师实际的教学需求，抓好课题的拟定和计划方案的撰写和检查，每学期期末做好阶段性计划和总结以及资料的收集，如研究过程中的图片、视频、课件、获奖证书等。

（二）建立例会制度

为了保证课题研究的充足时间，我们制定教研组例会制度，每周一下午是语文、数学、英语的教研活动时间，每周二早上是理化生、政史地、音体美教研组的教研活动时间。在例会里，老师们或学习有关的理论、资料，或研讨课堂实践中遇到的问题，或进行课堂听课评课等活动，每学期在校内进行说课、上课、评课、技能大赛等活动，并执行考勤鞭策制度，让每个教师都参与，使课题研究做到平常化。另外，我们重视组织教师学生参加各级各类的比赛活动，如国家级、省级、州级、县级的作文、演讲、朗诵、论文、优质课、技能大赛等。还创设展示教师们在课题研究过程中的心得体会的平台，也便于课题在结题时有更多的获奖资料，增强课题研究价值的说服力，提高课题研究的成效。

（三）重视教研教改工作

企业创名牌，学校靠名师。学校一直以科研兴校、强校作为教学核心工作，重视教研教改，为培养名师、磨炼名师提供锻炼的平台。苏联教育家苏霍姆林斯基说："如果你想让教师的劳动能够给教师带来乐趣，使天天上课不至于变成一种单调乏味的义务，那你就应当引导每一位教师走上从事研究这条幸福的道路上来。"为使学校课题研究得到更好的发展，提升学校品牌，学校利用资源，或校内小组交流，或搞四校联合教研，或请州级专家教师到学校讲课，或外派教师到州级名校去结对帮扶学习，或省州有相关的学科科研活动就派整个学科教研组去参加学习。如学校组织大部分教师到丽江、山东参加魏书生学术报告会和学习昌乐二中"271"的教学模式，后来又请到昌乐二中的教师到县里来进行理论讲座。通过各种活动拓展教师视野，做到将教师的自我反思、同伴互助与名家的专业引领相结合，为课题研究提供更具体更深刻的理论基础。

（四）经费支持

为减轻教师们的经费负担，学校给每个申报成功的课题补助 1000 元，在学校考核上加分，在结题获奖后发奖金，并积极向县教研室、州教科所联系赢得支持，为课题做好强有力的保障。

三、取得的成绩

通过课题研究，提高了教师的业务素质和上课水平，所以教学成绩近几年来各年级总人均分都获全县第一名，特别是语文成绩，初一、初二、初三连续几年都是全县第一名，英语成绩也在不断进步，今年也获得了全县第一名。

骨干教师不断涌现。现在学校有 10 名州级骨干教师，1 名省级骨干教师。

在全国、省、州各级各类比赛中，全校师生每年有 100 多名获奖，提高了学校的声誉和知名度。

四、存在的问题和思考

学校的课题研究虽然获了奖，但还应该看到整个学校的许多不足。即使重科研兴校，重教研教改工作，但教师本职工作是教书，学校的比拼是升学率，所以大部分教师还没有完全投入课题的研究。即使在做课题，还在重"写"文章，轻"做"课题，重"发表"论文、获奖等结果，轻视课题对教学的实际操作和提升作用；还存在重两头、轻过程，重立项和结题，而轻视了过程监督与管理的弊病。我想今后的课题尽量做到学习、教学与研究为一体，更重课题的务实意识，向学校回归，向教师回归，向教学实践回归，拉近课题与教师学生的距离。使课题研究成果真正能为教学服务，促进学校的发展和教师的自我发展，使学校的教学质量得到更进一步的提高。让单调的教学生活变得丰富多彩，让科研成为教师的内在需要，提高教师的幸福指数。

农村语文教师自我发展的措施与方法

苏霍姆林斯基说过："真正的教师是读书的爱好者。"朱熹也说："问渠哪得清如许，为有源头活水来。"放眼望去，凡有名的教育家，都是在教学中克服困难，广泛地汲取知识来发展自己，最后走向成功之路的。在我多年来的农村语文教育教学工作中，"静下心来读书学习，潜下心来教书育人"一直是我不懈的努力和追求，并以此不断地发展自己，提高自己，为了把这一点做好，我认真严谨地从以下几个方面入手：

第一，树立终身读书、终身学习的理念，通过学习，不断地提高自己，使自己在教育教学工作中驾驭教材，在每节课的艺术处理上能驾轻就熟。希望自己所给学生的知识永远是鲜活的，让每个学生都能健康快乐地成长。

为了让自己的教法跟上时代、吸引学生，在工作之余我经常上网查资料，孜孜不倦地学习新课程、新教法、新理念。只要有机会外出学习或旅游，就买有关教育的书籍或杂志来看，如《语文教学与研究》《语文课堂艺术》《语文教与学》《我和语文教学》等。另外我平时有空就去学校图书室借阅图书来看，并做好读书笔记。利用闲暇时间把中继教的所有书籍读完，如《校本研修面对面》《走进新课程》《课程改革与教师角色的转换》《新课程中课堂行为的变化》《综合实践活动教学设计与案例评析》《当代教育理论专题》等。用这些方法不断地提高自己的教学水平和教书育人的本领。

要教好语文，需要的知识面很宽很广，所以我还常看古今中外经典书籍和制作精良的优秀电视节目，以便吸收更多的知识营养运用于课堂，犹如用清清泉水去浇灌学生的心田。如读《史记》《中华上下五千年》《二十四史》《孙子兵法》《山海经》《东周列国志》《给教师的建议》等书籍，又如广泛涉猎和收看《百家讲坛》《电视散文》《国宝档案》以及各电视台优秀的电视节目、新闻等。在上课的时候根据课堂内容，随手把获得的知识拿来运用于课堂，使自己的课堂充满智慧与幽默，让学生更容易接受知识，而且学得深刻和透彻。

又因语文是一切学科之首，与其他科目的交叉点很多，为了上好语文课，我除了看有关语文的经典书籍、电视节目外，还与学生一起看完生物、音乐、美术、历史、地理、物理等课程，并把这些知识综合穿插到语文课堂上，提高学生综合运用知识的能力，如上到王维"大漠孤烟直，长河落日圆"的时候，我让学生根据美术知识描绘一幅苍凉、广阔的沙漠风景画，自己或教学生用笛子吹上一曲体会诗歌的韵味之美。再如上到《邹忌讽齐王纳谏》时，在课堂上开展春秋战国时期的历史故事会，教学生绘出春秋战国的地图来对课文内容进行分析和理解等。

因农村语文老师大多是班主任，班主任是学校的中坚力量，又是学生健康成长的引路人，所以我除了看有关教育教学的书籍外，还多看有关班级管理的书籍，以提高自己的班级管理水平，并加强和提高语文教学能力，如我看了王金战的《英才是怎样造就的》《感动中学生的 100 个人物》《交际能力的培养》，魏书生的《班级管理艺术》《中小学德育专题》《中小学管理》《班主任》《班主任之友》《新时期班主任工作指南》《新时期班主任工作创新》，以及有关中国教育的杂志、报纸等。

无论是书法、篆刻、绘画、音乐，还是叶圣陶、陶行知、杜威、詹姆斯等教育家的一些论著，我都广泛涉猎，让自己在三尺讲台上站得更高，望得更远；用自己丰富的知识去浇灌学生的心田，激发学生爱学、乐学的兴趣，也使自己向学者型、科研型、专家型教师靠拢。

第二，积极地进行科研教学，加强课堂教学的趣味性。

苏霍姆林斯基说："什么是掌握知识，就是使周围世界的事物、事实、现象和世界在一定意义上成为学生自己的东西，让学生感到知识是他进行智慧努力的结果，他自己去获取知识，同时找到运用知识的领域……"如现在每天的课前 5 分钟，我都根据座次有计划地让学生进行诗歌欣赏、新闻讲述、歇后语故事、成语接龙、对联欣赏、名人故事、唱歌或写歌词、背名言佳句等活动，让学生积累大量的语文知识，丰富学生的头脑。用这些活动锻炼学生的组织能力和表达能力、写作能力，使学生体验到成功的自豪感。所以我带的班级的学生写的作文大多都立意新颖、中心深刻，名言佳句、诗词歌赋都能顺手拈来增添文章的色彩和灵动性。在课堂上我力求改革，做到智慧、有趣、高效。如根据课文内容进行课文情景表演或课本剧表演，或进行小型辩论会，或进行演讲比赛，或开展话说千古风流人物的活动和诗歌朗诵比赛。让所学的知识与学生实际、学校条件有机地结合起来，形成自己的教学个性，再在公开课上与其他老师交流，共同进步。

总之，在课堂上我以自己丰富的文化知识和修养、兴趣爱好以及美好的情思去感染学生，在他们心灵深处播散着美的种子，陶冶性情，激发兴趣，使他们学到更多、更广博的知识。

第三，努力搞好教研教改工作，上好示范课，与年轻教师共同成长，共同提高教育教学质量。

　　我除在平凡的教学工作中联系实际、注重教改外，还把自己的所做所感在每周的教研活动中与教师们分享、交流。如我和教师们一起学习了《走进新课程》《新课程改革》《语文课程标准》《综合实践活动教学设计与特色案例分析》《新课改下教师角色的转换》等一系列中继教理论知识。还组织和指导青年教师学习了于漪的《我和语文教学》的先进理念和思想、魏书生的教学理论和方法；组织学习了黔东南语文教学专家陈子玉老师的《课改背景下初中语文教师课堂教学行为的调查》《个性化作文探究》等文章，针对他所提出的问题，结合我校实际进行讨论，找出我们教学中存在的不足和提高的办法。

　　我在积极组织教师学习理论知识的基础上，定期指导语文教师观看优质课光碟，吸收优秀教师课堂的处理艺术。如我们看了《天上的街市》《孔乙己》《口语交际活动课》《作文·想象》《愚公移山》《背影》《黄河颂》《安塞腰鼓》等优质课光碟，使我校语文老师们在开阔了视野、融百家之长后，又带着这种新理念去组织好优质课竞赛，达到了很好的效果。学校优质课竞赛中凌文敏、倪兴梅、姚萍等都上得很有特色，在比赛后，还重视课堂理论的指导。我专门去查找有关评课的资料，再结合我校实际取舍印发给每一位教师，并自己在学校上好关于上课、说课、评课的讲座。老师们先学评课知识，再组织参加评课。这样，在理论指导下进行实践、提高，加强了老师们上课的能力，优化了课堂结构，提高了农村课堂教学效率。

　　在新课改的浪潮下，大多教师无所适从，特别是年轻教师。针对这些情况，我通过自己的好学和参加培训获得的知识，结合自己的实际与感悟掌握了一套比较适合本地区的教学方法——联想法。这种方法让我取得了很好的效果和成绩，连续三届中考我所教初三的语文成绩获全县、全州第一名，通过成绩得到了老师们的信任。我还为学校语文教师上了《向沙漠进军》《背影》等示范课，特别是听我上了古诗《归园田居》《望岳》后，有些老师上课仿照我引导学生根据诗歌意境绘画的方法去指导自己的学生，锻炼了学生的想象力和动手动脑能力。如凌文敏老师在听我上《背影》后受启发，在上《小桔灯》时，用音乐配合同学做小桔灯的语文课堂活动，激发了学生智慧的火花，加深了对课文知识的理解。

　　经过这么多年的努力，我在与教师们的共同学习、互相帮助下，提高了教师特别是青年教师的教学水平和实践能力。如熊天云老师初上讲台时不适应，通过我对她的多次指导、帮助，现在已经老练和走向成熟，她的语文教学成绩居全年级第一名；又如指导凌文敏老师在锦屏二中上的《散步》这节公开课得到两校教师的好评。

　　由于我敢于创新，成绩突出，在学校起到了很好的带头作用，我校语文成绩年年获得全县第一名。我也常去其他学校搞讲座，与县内的其他学校教师一起交流提高。

第四，在平平常常的工作中持之以恒地、细心地、不折不扣地给学生真诚、善良的关爱。

苏联教育家马卡列柯说："爱是教育的基础，没有爱，就没有教育。"所以在教育工作中我严慈相济，在学习上、思想上、行为规范上严格要求学生，又对学生付出真诚的爱和真情的关心，做好学生的良师益友。

在细致的班级管理中，我教学生学会做人，培养学生对自己、对家庭、对集体、对社会的责任心和责任感。在每年接到新生的开学初，我特意在教室门口或讲台上乱丢一些纸屑、扫帚、球等杂物，看谁能主动收拾，并由这件事观察学生的思想、行为习惯，然后在班上对这件事开展讨论会，听听他们的发言。从听的过程中了解每位学生的思想行为和品德，然后与学生一起去查找古今中外名人成才的故事、细节决定成败的故事等来开故事会，让学生通过这些故事，对照自己的行为和做法明白道理。然后再通过"班干竞职演说""学生理想畅谈会"、询问家长和同学、批阅学生作业等方式全面地了解学生后选定好班干，创设更多的平台让每个同学都有锻炼的机会，形成"人人为我，我为人人""人人有事做，事事有人做"的良好班风。让他们在为同学服务的同时培养信心、增强责任感。

在日常生活中，我用耐心、细心、恒心去培养学生良好的行为习惯。如提醒学生天晴下雨穿好衣服，教会学生收拾衣物和摆放学习用具，教会学生养成做家务、卷面干净整洁等习惯。有时候我在上课时随时检查"谁的衣领干净了""同学们你们笑一笑，看谁的牙齿刷得最白"等，并为这些小事设立多种奖励措施，逐步培养学生形成严谨、自立、拼搏、向上的良好性格。

通过对学生各方面的教育和关爱来运用语文知识，让学生在生活中真正体味到中华文化的魅力。

总之，通过不断的努力，我有一些提高和收获。如获得全国优秀教师、省级名师、优秀班主任等称号。从我任初中语文教学以来，我所任教的班级语文教学成绩在全县统考或统改中已有 26 次人均分及格率获全县同级同科第一名，并且我所任教班级的学生常获全县语文单科第一、二名。他们到麻中、都匀一中、凯里一中、贵阳一中、北京民大附中等学校后语文成绩都很优异，另外，我辅导学生参加作文竞赛也获得过全国三等奖、县作文竞赛一等奖。

这些过程和结果让我深深体会到：虽然农村教学设备简陋、条件差，但只要我们愿意做个有心人，动脑筋想办法去努力发展，尽心尽力地做好每一天工作，走好成长的每一步，淡泊名利、志存高远、甘为人梯、乐于奉献，把个人的理想与学生的终身发展联系起来，静下心来读书学习，潜下心来教书育人，就能成为学生爱戴、家长信任的优秀老师。

农村教师扎实教学基本功的方法

农村学校呼唤教学基本功扎实的教师，呼唤教学水平教学质量高的教师，虽然政府可以出台外请外聘优秀教师，或者优秀大学生向农村倾斜的政策，但还是要重视农村教师内生动力的发展，在日常教学中不断磨砺打好扎实的教学基本功。

校本教研，是学校教师继续教育活动的主阵地，也是提高教师的教学水平和能力的重要策略，是磨砺教师教学特色的法宝。校本教研中的模仿教学课、反复磨砺课、不断感悟课就是扎实提高农村教师教学基本功的三部曲。

一、在教学模仿课中扎实教学基本功

"他山之石，可以攻玉"，模仿教学课，就是模仿优秀教师的课堂教学模式、教学技巧和方法。有许多农村教师，特别是年轻教师，知识储备不够，教学视野狭窄，教学手段常常是满堂灌，教学效果不理想。因此学校要经常组织开展模仿优秀教师示范课活动，不断吸收优质课精华并加以运用，锤炼教师的教学能力，提高业务水平，逐步形成独特的教学风格。

其主要途径有：学习模仿全国优秀教师教案的精妙之处；看同科目教师的优质课光盘或录像，模仿优秀教师在优质课中对教学各环节的把握、对课堂的掌控能力及环节的艺术处理方法等；向身边的优秀教师学习，经常带着自己的教案去本校同学科教师的课堂听他们的常态课，学习他们处理教材、驾驭课堂的方法。但在模仿中切忌"全盘照收"，更不能"带着别人的教案去上课"。要结合本地区本校学情和教情对别人的优秀教案或者优质课重新进行组织、整合与创新，借鉴吸收别人的优点，融入自己的智慧与独到的见解，达到"借智补智，借力使力"的目的。在教学模仿过程中，要从宏观上去把握，重点思考优秀教师的教案（或优质课）是怎样备教材、备学生、备教法的，从而反思自己备课的程序，把握备课的切入点。这样有针对性地积累、思考、模仿运用，就能逐步走向成熟，夯实教学基本功。

二、在反复实践中磨炼教学基本功

反复实践磨砺教学功夫的方法存在于校本教研中。由执教教师就某一课题独

立思考提供教学设计和教学案例，教师集中围绕案例不断地切磋、商讨、设计、实践、反思、修改，然后执教教师根据大家修改的教案上课、集体听课后，再商讨、再设计、再实践、再反思、再总结，最终达到满意的教学效果。

一是基础层面。通过对执教教师教学行为分析，探讨教师在教学目标上是否具有明确的发展价值；在教学内容的设计上，如何在关注学科基础性的同时，将学生经验与现实生活相联系；在教学策略与方法选择上，如何让学生主动参与，在情感的体验中学习知识、完善人格、养成习惯，以及如何加强学习方法、综合应用、实践探究等方面的综合研究。借助问题探讨，提升教师素质，促进课堂教学质量的提高。

二是提高层面。用于指导具体教学过程和操作方式的设计思想、教育理念。通过对教师教学案例的评课，总结、推广教学经验，挖掘其中真正优秀的教学思想和方法，使其得以移植。明晰教学思想与教学技艺的最佳融合点，使其得以借鉴，彰显执教者的亮点（如某一个细节的处理、某一个环节的设计、某一个方法的尝试），使其得以提升和发展，达到教师群体共同更新观念、积极探索教学方法、提高专业知识和内在素养的目的。

要通过反复实践磨砺教学功夫这种形式，加强教师的基本功训练，达到促进教学专业成长的目的。

三、在不断反思中升华教学理论

反思是最好的理论升华，在学习了优秀教师的教学模式和教学风格后，教师要在教学实情逐步完善的基础之上，对自己的教学行为和教学策略进行再思考，以形成自己独特的教学特色。许多教师上完一节课后心中无数，不知自己的课好不好，是否符合新课改的要求，往往要等教研员和老教师点评后才心中有数。那么怎样反思、自我提高呢？

（一）反思教学目标的达成

了解这节课的学习目标是否明确，在备课的过程中，预先分析学情和教材，设定好达到目标的教学方法，通过灵活有效的形式变成学生的学习目标，以通俗的形式或问题告诉学生。在课堂上组织学生由浅入深达成目标后，问学生这一节课学到了什么、懂得了什么道理、有哪些收获等，通过这些形式了解课堂教学目标的实现程度。

（二）反思教学方法的运用

孔子说："不愤不启、不悱不发。"讲授每一节新课之前，都先给学生一定时间自行看书、审读教材内容，然后同学之间交流探讨，让学生有一个先学先知的过程，之后教师在学生先学的基础上点拨引导，最后确保知识的正确性。教学中，教学方法是信息交流、情感沟通、心灵碰撞的过程。这种交流、沟通和碰撞，靠什么？就是靠教师的语言、教具，有时还需要适当的形体动作。语言要简洁、生动、富有感染力，不仅要把该说的都说清楚，更要触动学生的心灵、激发学生的情感；动作要和谐得体、引起学生的注意。这样一节课下来，让学生举手回答本节课思考了几个问题，哪一个问题是怎样解决的，需要老师提供什么样帮助，今天是否学得轻松愉快。以学生为本，明确课堂教学要求、内容、时间、方法。让学生就学习情况讲感受，在学生谈感受时，教师一要解答学生的疑难问题，二要规范学生的专业用语，学生如果表述和书写不够规范，老师就要予以纠正，并培养学生用专业用语表述和书写的习惯；三要扩展学生思路，给学生提出多种解题的思路，拓宽学生视野，开发学生思维能力。在学生学习感受收获中反思教学方法的优劣，不断提升教学水平。

（三）反思学法指导

睿智的教师在课堂上教给学生规律和方法，平庸的教师只能按照课本教给学生零散的知识。教师要反思教学中引导学生归纳规律和学习方法，反思每一节与整体教材的联系，教会学生善于归纳课本知识体系、举一反三的学习方法。另外在教学中教师要善于引导学生寻找学习规律、解题规律。如上到关于三角函数的知识，就让学生分析关于三角函数的解题规律；上到关于战争的课文，就让学生去总结归纳每次战争的背景、人物、过程及历史意义；上到以亲情为主题的文章，让学生思考归纳从小学至初中所学有关亲情文章的写作规律，并在写作文时模仿运用。教师只有不断观察学生对所学知识掌握的深度和熟练程度、对学生思维的开发程度和情感的影响力度进行反思，不断找出自己每一节课的教学质量和效率，不断汇总自己的得失，不断修正自己的学法指导水平，才能有效提高教学基本功。

四、结语

总之，提升教学基本功的方法很多，要培养的能力也很多，关键时要用心用情去钻研。虽然身在农村教书，但脱贫攻坚后，学校的硬件设施都有很大提升，教师可以在网上查阅资料、学习教学方法和理论知识来不断充实自己的头脑，不断培养自己在教学中处理教材、组织教学、表达表演和随机应变的能力，让自己拥有丰富的知识、每节课用友善的言辞对待学生。只要愿意去克服困难，有"人一之我十之"的敬业精神，就会在农村广阔的大地上盛开教育之花。

第三编
教无定法，真实为要
——农村基础教育教学方法探究

自古以来，教学方法很多，但面对深居偏远地区的落后村庄，面对有些连汉话都不会说的农村学生，用什么样的教学方法更好呢？我认为教无定法，最重要的是教学方法的真实性、有效性。根据农村每个班级、每个学生的实情，老师应深深挖掘自己那一份教育教学的赤子之心，不断吸收教学方法理论，在平平凡凡的教学中灵活使用，在课堂上有效调动学生的讨论，真正达到"千教万教、教人求真；千学万学、学做真人"的目的。只要这样，就一定能提高农村基础教育教学的质量。

对提高黔东南州农村初中语文教学质量的探究

　　黔东南州共有 16 个县，这些县的初级中学除了县城中学的大部分学生外，其他的乡镇初级中学学生大多数都是身居大山，视野不够开阔，知识面窄小，思维也相对狭隘，甚至有些学生还不大会说汉语。这些客观原因对提高黔东南州初中语文教育教学质量有一定的影响。如果能根据教学实情找到一些有效可行的方法最大限度地拓宽学生视野，培养学生良好的语文素养，既能提高学生学习语文知识和运用知识的能力，又能适应目前的考试形式，让学生在每次考试中都考出优异成绩。对农村学生的全面发展和终身发展都有着很重要的作用，对提高整个农村的教育教学也有着深远的意义。

一、培养学生良好的学习习惯

　　叶圣陶先生说："什么是教育，简单一句话，就是养成良好的习惯。"因农村初中学生来自各个不同的偏僻小学，语文基础不一，学习习惯也不同，所以为了提高教育教学质量，我在每届迎接学生进入初一时，就狠抓学生学习习惯的养成。

（一）培养学生练习书法和认真作业的习惯

　　在《全日制义务教育语文课程标准》的要求中，明确提出："7－9 年级学生在使用硬笔熟练地书写正楷字的基础上，学写规范通行的行楷字，提高书写速度"，"临摹名家书法，体会书法的审美价值，热爱中国汉字的文化底蕴和美感，使学生在情感态度和价值观方面得到熏陶。"

　　在每届新生进校时，我把家里收集的书法名帖带到教室引导学生欣赏。如王羲之的《兰亭序》《圣教序》；柳公权的《玄秘塔碑帖》等，让学生在欣赏名家的正楷字帖或行楷字帖过程中了解名人名家故事，树立理想，激起学习书法的兴趣。然后又从思想上引导学生要做个有作为的人，明白"字是人的第二相貌""字是敲门砖"的道理。再耐心教会每个学生用笔、握笔的方法，引导学生处理好字的笔画、笔顺、间架结构、写字的姿势等。

　　我所任教的学生在初一、初二两年一般临摹和练习王羲之的正楷字帖，或赵孟頫的小楷。到初三时因学习紧张书写速度要快，就让学生在前两年练习正楷字的基础上练习王羲之行楷《兰亭序》，提高书写速度。

在初中三年练习书法的时间里，要学生做到持之以恒，规定学生每天利用中午预备铃到上课这段时间练字，练习数量在半页纸以上，态度要严谨认真，仔细体会字的美感，背下每个字的结构和用笔之妙。这样学生利用练习书法的境界来过滤浮躁心理，保持平静心态，为下午上课做好准备。每天抽选班上写字好、学习好、认真负责的班干管理和批改，老师利用上课前的时间来指导和检查。对写得好的加分奖励，写得不好的耐心指导修正。

叶圣陶说："养其习于童蒙。"通过老师反复引导、鞭策、鼓励，学生天天练习书法，日积月累，待养成严谨、认真、良好的书写习惯后，再严格要求他们用这种严谨、认真的态度去做好身边的每一件事，写好每天的作业，做好每一次考试试卷，包括到黑板上板演都要认真写好字。这样，即使学生住在农村，视野不开阔，条件差，但写字的条件是有的，写好字的能力也是可以培养的。在农村语文教学中从培养学生写字入手，不断让学生规范自我，平和乐观地做人做事。学生的语文素养得以提高，学习成绩会更好，教学质量自然会提高。

（二）培养学生认真听课勤于思考的习惯

每天都要备好课，上课之前，我不断做深呼吸调整状态，用饱满的激情面对每一节课，我想：快乐是一节课，愁苦也是一节课，只要自己上课有激情，豁达开朗，充满爱心，那么宽松的学习氛围就会充满整个课堂，就能让学生从老师的激情里体会到活力与温暖，就容易打开学生思维的闸门，提高学生的参与度、主动性。让学生不唯书、不唯师，敢于质疑、轻松快乐地发表意见，这样勤于思考的习惯就会自然形成，个性也得到良好的发展。

苏霍姆林斯基说："知识——这就意味着能够运用。只有当知识成为精神生活的因素，占据人的思想，激发人的兴趣时，才能成为知识。"虽然我所任教的学校条件差，但每节课，我都用激情点燃学生的求知欲望，激发学生的兴趣，让学生获取更多灵活的知识。如在上《沁园春·雪》时，我播放音乐或自己放声歌唱，从听觉上激发感染学生后，再以组为单位，让学生根据诗歌意境进行绘画并交换欣赏，看谁最能把北国"千里冰封，万里雪飘"的壮观美景画出来，然后让每组学生根据绘画作品谈谈自己读诗的感受和对课文的理解，用优美流畅的语言表达出来，看哪一组的语言表达情感最好，老师再给予小礼物加分奖励。又如在上《石壕吏》时，先由科代表布置任务分小组翻译并理解课文后，再以组为单位进行课本剧表演比赛，全班学生根据比赛情况进行点评，老师总结。学生参与积极性高，学到的知识就是鲜活扎实的。

中小学语文课本上的篇目大都是名人名家的经典作品，都是很好的写作范例。为了提高语文课堂效率，每节课我都精心设计问题，并分配任务给学生，引导学生把每篇课文当作是同学的作文去欣赏、评价，从取题技巧到文章内含的深遂高远，从材料的取选到层次的安排之妙，从语言的特色到修辞描写的运用方法等，让学生讨论，给每篇课文写出评语，看看哪些组分析透彻。让每个学生都有表达自己观点的机会，在回答问题时要求学生口齿清楚，声音洪亮，具体完整。然后再以竞争的形式看谁把课文中的好词好句背得多，一个月后在班上累计评奖一次。

这样，即使学生的生活视野窄小，也是可以教好语文的，只要老师做个有心人，有激情地上好每节课，创设竞争氛围，培养学生认真听课勤于思考的习惯。无论学生在哪里，得到的知识便都是扎实灵活的，当然考试成绩也是优秀的，农村语文教学质量也会得到很大提高。

(三) 培养学生有条理地学习生活的习惯

1. 要求学生将书籍、学习用具等摆放整齐

要学生养成自律、严谨的习惯，不是一两天的事，特别是面对现在的独生子女或留守学生，不仅要用名人成才的故事去引导，或用身边的优秀学生作表率感染，重要的是在学生形成习惯的过程中随时检查、引导、鼓励和鞭策。如：在上课时常查看学生的学习用具是否备齐；属于各科的书籍、作业本、试卷等资料是否归为一类堆放；抽屉里是否干净整洁；在每节课前，是不是把本节课所需的课本、作业本、书写用具放在桌子上准备好等。在日常的教学工作中用耐心细心教育学生，让学生懂得学习的效率源于良好的学习习惯，使其有条理地学习和生活。

2. 使学生养成良好的饮食和锻炼习惯

身体是革命的本钱，要提高教育教学质量，老师的身体要好，学生的身体更要好。因初中生正处在长身体的阶段，需要适当的营养，但现在的学生多数喜欢吃零食，饮食习惯不够好。所以，我在班上要求学生必须吃好早餐，在中餐、晚餐时也要吃饱，并且每个月搞好家长问卷调查表，老师与家长一起鞭策学生养成良好的饮食习惯，使身体营养得到保障。另外，每天还要与学生一起跳绳、跑步等。学生有了良好的饮食习惯、锻炼习惯，就会充满阳光，就会有更多精力和智慧来面对学习，学习质量就好，教学效果也会很好。

二、培养学生良好的写作素养，提高学生的写作能力

在初中语文教学中，写作占有很重要的地位。就现在的每次考试形式看，作文分值很高，所以，培养学生良好的写作素养，提高写作能力，不仅是培养学生能运用语文知识于社会的能力，也是提高农村语文教学质量的重要手段。就我从事初中语文教学以来，在每次全县或全州统一考试中，通过试卷分析，全县学生在作文上丢分现象比较严重，但我所上班级学生作文分值较高，学生整体成绩一直居全县第一或全州第一，学生到高中后，语文成绩也相对稳定和优秀。

那么，怎样提高学生写作能力呢？

（一）抓好课前活动，注重写作素材的积累

课前活动以学生座位号为顺序每天围绕如立志、求知、爱国、挫折、友谊、责任等话题为内容。如：第一周的内容是爱国，那么一周内的课前活动就围绕有关爱国为内容进行成语接龙、名人名言背诵、歇后语摘抄、名人故事讲述、诗歌欣赏等，并要求全班背诵或复述这些知识，老师上课时检查，鞭策学生养成倾听和记忆习惯。日复一日，积水成渊，学生积累的素材越来越多，为写作打下扎实基础。

（二）指导学生利用下课时间有计划地听音乐、背歌词

因一些歌曲语言精妙，情真意切，是润色作文的妙语。每个学期，我发动学生去找许多有关立志、理想、爱国、学习、生活等碟子或磁带，在班上买好VD，让学生在下课时间欣赏音乐并背下歌词，体会音乐旋律和歌词的意境，熏陶学生心灵。然后一个月举行一次名言名句、成语、歌词默写比赛。"责生之过，不如奖生之长"，学生在比赛奖励中体验到了成功的喜悦，就激发了学生积累好词妙语的兴趣。

（三）积累熟背课文中的诗词和名段名篇

在《语文课程标准》中，要求1-6年级学生背诵古今优秀诗文160篇（段），7-9年级背诵80篇（段），因此，在每一届新生进校后，我都会在两个月时间内上完初中的所有古诗和必背诗文，让学生收集摘抄分类整理小学6年初中3年的所有古诗文，利用早自修时间反复朗读背诵。再在班上举行诗歌朗诵比赛，或诗歌默写比赛，或用诗歌结合所练习的书法进行书签设计比赛等，让学生背通、背熟学过的诗歌。为学生在作文中灵活引用诗歌表情达意，增添文采打下扎实基础。这些都是提高农村中学语文教学质量的可行办法。

（四）注重课余阅读积累，做好摘抄笔记

农村学生家庭大都贫困，藏书少，为增加学生的阅读量，我让学生从家里捐书到班上，如《成语故事》《读者》《满分作文》《中学优秀作文》《安徒生童话》《法尔记》《史记》等。然后把学生所带来的书目公布出来，学生互相借阅。或推荐好书激励学生去学校图书室借阅书籍来看。并要求学生做好摘抄笔记，然后在教室后开辟"我读书，我快乐"的学生论坛，让学生把自己读书的感受、精妙语段贴在留言处，大家欣赏，激发学生看书和写作的动力。

（五）注重实践积累，搞好观察感悟

生活处处有语文，生活是学生学习语文的大舞台。《语文课程标准》中提出："要沟通课堂内外、充分利用学校、家庭和社会等教育资源，拓展学生学习的空间，增加学生语文实践机会。"因此我要求学生常摘录电视的广告词或电视晚会中的台词，摘录随父母去吃酒席所看到的语言文字，摘录街道村庄中看到的各种广告，摘抄村子家家户户的对联来交流欣赏。让学生观察感悟日常生活中所遇到的人和事，培养学生观察和思考的能力，在实践中积累生活经验和写作素材。

（六）指导学生巧用素材，提高学生写作水平。

荀子云："不积跬步，无以至千里；不积细流，无以成江海。"当学生积累了许多素材后，引导学生把所积累的写作素材巧用到作文中去，如写有关母亲的话题作文，引导学生回忆与母亲有关的课文学过哪些？怎么写的？有关母亲的诗歌有哪些？名言有哪些？歌词有哪些？在我们看的名著或作文中有哪些写过母爱？在生活中观察体会到母爱的动人故事有哪些等，让学生先回忆交流，然后再围绕构思筛选最能突出所写作文的中心素材，构思好文章层次，引导学生把"说"和"写"联系起来，鼓励学生在作文中恰当地运用平时所积累的诗词歌赋、名言佳句来滋润文章色彩并做好作文奖评，为写得好的作文喝彩。在写作指导中做到"勤""真""实"，培养学生学会迁移运用平时积累的材料，变成写作时信手拈来的"源头活水"。学生写作能力得以提高，教学成绩自然优异，农村的语文教学质量也大大提高。

三、放手让学生互教互学，学会归纳总结

（一）让每个学生都有机会成为老师

通过培养学生认真听课勤于思考的习惯后，放手让学生来当老师，为班上学生上课，逐步培养学生的组织能力和表达能力，激发学生的学习兴趣，学生通过自己的理解后又向同学传授知识，这样掌握的知识是最牢固的。

（二）培养学生学会出题和整理试卷的能力

在上完每一课或每个单元后，分组让学生去查一些资料，或根据上课对课文的了解，自己出一些习题，再让组长归纳选题，老师审查补充合格后，当作本课或本单元的测试题，试题是学生出的，学生自然有自豪感，记忆也深刻，成绩也好。

（三）培养学生归纳总结的能力

在每学期或中考之前，根据课本的要求，让学生分组去总结归纳如记叙文、散文、小说、说明文等课文的重点知识，然后在班上进行汇报讲座，老师再给予点拨，如：复习诗歌，可让学生从时间顺序来归纳所学过的春秋时期的诗有哪些？战国时期诗的有哪些？曹操的诗有哪些？李白的诗有哪些？杜甫的诗歌有哪些？分组分朝代去整理后在班上汇总背诵。学生在整理归纳交流中学会了许多知识，教学质量也得到提高。

总之，在农村初中语文教学工作中值得探究的知识很多很多，自己要走的教育之路也很长很长。以上是自己在黔东南农村多年的初中语文教学工作中的一些做法和探究，也取得了一些优秀的成绩。我想，只要在教育工作中勤于思考、大胆创新，做个爱学生、爱教书的老师，即使是在偏僻的农村工作，也会在现有条件下找到拓宽学生视野的方法，不断探寻出提高农村语文教学质量的成功之路，使农村教育教学不断走向柳暗花明的新天地。

农村中小学自主互助课堂教学模式研究

——以贵州麻江县为例

一、研究设计

（一）研究背景和文献综述

1. 研究背景

麻江县是全国重点扶贫县，为脱贫摘帽，近年来，麻江县不断加大对农村中小学教学硬件设施的投入，实现了义务教育阶段学校"班班通"、网络"校校通"等全覆盖，代表全省率先通过国家"义务教育均衡发展验收"，麻江教育硬件设施设备的优良，在麻江县承办全国农村中小学寄宿制工作现场会上，刘延东副总理亲临指导并得到好评。

教育硬件提升了，软件要跟得上，课题组通过问卷调查、走访、听课发现，多数教师的课堂教学采用灌输式课堂教学模式，缺乏创新意识，在课堂教学水平、教学质量提升等软件上需要加大改革力度，在此背景下，进行农村中小学自主互助课堂教学模式研究势在必行，本课题就在这样的形势下应运而生。

2. 相关文献综述

我国很早就有关于自主学习的思想，如孟子主张学习必须是通过自己刻苦钻研，自求自得，才会心有所悟。从 20 世纪 80 年代开始，我国对自主学习的研究系统化，许多学者做了研究并取得了一定的成果，如魏书生实施的"六步教学法"实验，钱梦龙进行的"导学教学法"研究等。随着我国教育改革的进一步深入，自主学习的重要性引起了我国教育理论界和实践界的广泛关注，在继承我国古代自主学习思想和借鉴国外自主学习理论的基础上，也明确地提出了自主学习的概念，并对自主学习进行了深入系统的研究。

互助学习的思想渊源可以追溯到古希腊时期。苏格拉底、柏拉图、亚里士多德和他们的学生们，就是以互助学习的形式来开展辩论学习的。到 18 世纪 60 年代，英国在爆发工业革命后，采用年长学生教习年幼学生的办法来解决办学过程中的师资和经费短缺问题的"导生制"就此产生。互助学习在我国古代学校教育中已经盛行，经典教育著作《学记》中就提及过"相观而善"，"独学而无友，则孤陋寡闻"。

近年来，经过理论研究和教学实践，国内涌现出很多自主互助课堂的教学模式，这些模式都各有优劣，列举部分分析如下：

（1）即墨二十八中的"和谐互助"教学模式

这种模式采取"五步十环节"教学法，即知识回顾—题型讲解—巩固提高—总结归纳—当堂作业。

这种教学模式有利于：能使学生学习的积极性越来越高，合作意识增强，学生主体地位得到落实，提高课堂有效学习时间，全面贯彻素质教育"以学生发展为本"的理念，充分给学生互助学习的空间，不仅提高了学生的自学能力、合作能力，而且密切了师生、生生关系，教学活动"收""放"有度，有利于培养学生的发散思维和创新能力。

（2）河南郑州第 102 中学由"预习、展示、调节、达标"四个环节组成的"网络环境下的自主课堂"模式

这种模式优点在于，硬件条件好，把高效课堂的先进理念与现代技术嫁接生成了自己的模式和课程，实现了新技术与新文化的高度融合。

（3）江苏洋思中学先学后教、当堂训练的教学模式

这种模式学生要比教师紧张，课堂效率高，先学后教，作业当堂完成，形成良性循环。学生的情感、态度、价值观在教学中去渗透实施。

另外如山东杜郎口中学的"336"模式、山东昌乐二中"271"模式、河北衡水中学的大课间活动、翻转课堂教学模式等。

列举以上课堂教学模式，为农村中小学自主互助式课堂教学模式研究提供了有力的理论支撑和指导。

（二）研究目的和意义

1. 研究目的

探索适合农村中小学学生学情的自主互助课堂教学模式，培养学生自主学习和互助学习能力，提高课堂教学的有效性。

探索教师在自主互助学习中的引导调控作用，大面积提升教师为主体、学生主导的作用，培养一批擅长课堂教学的骨干教师和名师，提高教育教学质量。

衍生出有利于促进自主互助学习的各学科课堂教学模式流程、策略与方法。

全面促进学校、教师、学生的发展，创建农村中小学课堂教学特色，推动地方教育发展。

2. 研究意义

叶澜的教育理念是："每个学生以完整的生命个体状态存在于课堂生活中，他们不仅是教学的对象，学习的主体，而且是教育的资源，是课堂生活的共同创造者。"此课题的研究，重在课堂教学的每一步流程都充分发挥学生的主体作用，

学生采取分组的形式，以优带差，互帮互助，有效生成课堂教学目标，在提高教育教学质量和成绩的同时，减轻学生学习负担，关注学生心理健康，重视学生发展前景，有利于改变本地区灌输式课堂教学现状，促进师生的共同发展，因此本课题的研究意义在于：用课堂教学模式改革促进教师专业化成长；促进学生个性化发展；提高本地区教育水平，提高教育内涵发展。

（三）核心概念

农村学校：一般是指县城以下的乡村学校。这些学校往往位置偏僻、交通闭塞，教学条件相对落后，教学手段单一，教学成效不佳。本课题重点研究麻江县中小学校课堂教学问题，麻江县是全国重点扶贫农业县，农村学生较多，因此，在研究中，我们将农村学生占 60％以上的麻江县第二中学、鄞州向阳小学和杏山中心学校也列入本课题中农村学校的研究对象。

自主学习：是与传统的接受学习相对应的一种现代化学习方式，是指学生根据课程需要，在学习目标的宏观调控和教师的有效指导下，通过学生独立的思考、质疑、探索、实践、创造等方法来实现学习目标的学习过程。

互助学习：是指学生在老师的组织、引导和调控下，在异质结合的小组中，为了完成共同任务，相互帮助提升自身素质，实现双赢的学习途径。

本课题的研究是通过学生在自主互助学习过程中夯实基础，凸显学习的主动性、独立性、规范性，结合互助学习取长补短，凸显学习的交往性、互动性、共进性，培养人的团队意识和集体观念。

课堂教学：是学校教育的主战场，是一种目的性很强的活动，通过教学使学生掌握知识，习得技能，得到发展，形成情感态度价值观等相应的品质。

（四）研究对象和内容

研究对象：麻江县义务教育阶段中小学校，先试点后普及。

研究内容：麻江农村中小学课堂教学现状的调查与分析；自主互助课堂教学模式的基本操作流程研究；不同学校、不同年级、不同学科进行学科自主互助教学流程与策略研究。

（五）研究方法

调查研究法：针对我县中小学的课堂教学现状深入调查，通过走访、交流、问卷调查等形式，了解当前课堂教学中存在的问题，确立课题的研究方案。

文献研究法：针对调查中的问题，通过大量阅读，将与本课题相关的文献认真学习、研究、整理，在结合我县的实际情况探索"自主互助"课堂教学模式的基本操作程序。

行动研究法：通过全县中小学听课，开展研讨活动，选择典型的课例，将课堂教学中的关键问题进行分析整理，反思研究提炼适合本地区的自主互助课堂教学流程与策略。

实验对比法：课改实验班与普通班教学效果对比分析，教师实施课改前后课堂效果对比分析，总结经验。

个案研究法：针对不同学校、不同年级、不同学科进行个案研究，找到不同学科自主互助课堂教学模式的教学流程与策略。撰写案例、教学反思、论文等。

二、主要成果

围绕课题研究目标，通过调查分析，结合我县课堂教学实际，课题组共开展26次县级研讨活动，撰写读书笔记近一万字，撰写研修日志一万多字，课题组集体进行理论学习研修12次，部分成员参加了北京师范大学、华东师范大学、北京干部管理学院、即墨二十八中和谐互助课堂教学模式等国家级培训10次，注重在实践过程中对自助互助课堂教学不断进行探索研究，根据麻江教学实际研究出了一定成果。

（一）理论性成果

1. 研究提炼出了"自主互助课堂教学四步法"

第一步：创设情境，导入新课

教师根据课堂教学内容，创设相应的教学情境导入新课。如：设计巩固上一课教学重点考点的提问、速算竞赛、演讲小故事、小品表演、播放音乐、看视频等。创设教学情境导入新课的目的是激发学生求知欲望，聚拢学生分散的注意力，让学生自然进入最佳的学习状态。此环节以学生活动为主，特别是设计上一课教学内容重点考点的提问时，让学友先回答，师傅补充，教师鼓励总结。时间为3—5分钟。

第二步：问题引领，自主学习

教师根据本节课的教学目标和重难点，由浅入深引导、启发有效地提出问题，学生根据目标问题自主学习，在学习过程中发现问题、提出问题，与学友交流互助解决问题，然后以组的形式学友先回答，师傅补充回答，无法解决的问题，提交给其他同学或老师。此环节以学生自主活动为主，教师适时引导，活动时间约为10分钟。

第三步：互助交流，深入探究

教师根据教学目标和重难点，结合学生自主学习或提交的问题情况，层层深入地诱导、启发，学生以互助学习为基础，以2人或3—6人或临时自由合成小组的学友形式，带着问题通过交流讨论、互教互学等活动由浅入深地思考，通过"互助交流"不断挖掘学生潜力，学生自主互助地完成学习目标。在此环节中，每一个问题的解决，都要留出合适的时间让学生自主思考，互助交流，回答问题时学友先说，师傅补充修正，教师再引导、点拨、启发、合作总结、逐步完善，每节课目标和重难点犹如剥竹笋一样层层突破。

第四步：拓展总结，巩固提升

教师选取与本课内容有关的知识点或具有现实意义的问题，比较拓展，学友相互交流本节课所学到的知识，特别是知识易错点、教学规律、学习方法和参与的心得等方面在全班交流收获。然后以组为单位，让学生自主展现学习成果，教师在此基础上进一步从解题思路、答题技巧、学习方法、注意事项等方面进行点拨、总结、提升，或根据本节课学习的重点或考点等方面，提炼出经典习题，学生当堂检测评比巩固提升。此环节由学生的总结和教师的总结交错运行，以学生活动为主，活动时间约为 5 分钟。

以上四步教学流程，是"自主互助"课堂教学模式的基本操作流程，犹如一栋房子的框架，各教师可根据不同学科、不同学段，结合自己的教学实际，结合培训学习和充分利用"班班通"丰富的教学资源，在以这四步教学流程为框架的基础上进行拓展装潢，融进不同的教学策略，牢记"自主互助"这个中心词，全面锻炼学生自主互助获取知识的能力，做到"不愤不启，不悱不发"，达到课堂模式改革的高效性。

案例：《使至塞上》的诗歌教学，第一步，播放大漠视频和音乐，引发学生注意力；第二步，学生独立思考，根据意象绘画出意境图片，然后各小组互相交流解说所描绘的意境图片，提出疑问或互相探讨；第三步，教师以组为单位，师友一起到讲台前，后进生先通过多媒体展示所绘图画讲述对诗歌的理解，师傅再补充，不理解的其他组同学补充，教师指导完善；第四步，各组师友进行与此诗歌相似的诗歌以及生活进行拓展，全班进行默写背诵提升。

2. 围绕四步法，衍生出了各学科"自主互助课堂教学模式"下的教学策略与方法

（1）提炼出了语文学科"复习试卷的批改与讲评流程"

流程一，自主批改。教师把浏览过的试卷分发到学友手上，提供答案和评分标准，对浏览试卷时发现的共性问题和学生有可能在批改试卷过程中无法解决的问题进行集体指导。学友交换批改对方试卷，针对出现的错误，学友相互对其进行讲解、改正，直至对方理解，对难以解决的地方做标注，此环节的设计更多关注学生的自主探究和合作互助行为。学生对试卷的基础题部分（如语音、字形、字义、文学常识、文言词语翻译等考查题），可以直接做出批改，并在批改过程中进一步巩固知识。对于阅读题中的归纳概括题、仿写题、文体知识题、表达技巧等类题，学生也能根据答案和平时积累的答题方法，独立或与学友交流进行批改。对于阅读题中的理解性类题，如理解句子含义等，可以与学友合作探究，或求助其他学友和老师。

流程二，互助解疑。学友针对试卷中存在的疑问互相交流解惑，不能解答就请教其他学友，其他学友不能解答，则请教老师。老师根据题型特点、题目的难易和学生掌握面的大小来决定集体讲解或个别讲解。学友通过多渠道的解惑最终给出试卷的分数。

流程三，展示成果。教师安排好讲评的试题和上台展示的学友，对于全班已掌握的试题和基础题，就不再讲评。其他题型则根据学友的学习程度进行安排：理解性强的试题（如分析语句的含义等）由较强学友讲评；概括性试题（如文段写了几件事、文中××指什么等）、拓展题（如联系文中主人公经历，你得到什么启示等）由一般学友讲评；简单的客观题（如翻译文言句子、写出有关名言诗句等）由较弱学友讲评。

流程四，总结提升。学友针对本次单元检测的批改和讲评，从知识的掌握和参与的心得等方面在全班交流收获。教师在此基础上进一步从解题思路、答题技巧、学习方法、注意事项等方面进行点拨、总结、提升。

（2）提炼出了中考语文专题复习模式

第一步，专题导入，明确目标：直入本专题内容，并明确复习目标，了解考点，掌握题型及解题方法；第二步，真题展示，观察思考：展示本地区近3—5年中考专题真题，让学生阅读、比较、分析；第三步，互助交流，总结点拨：紧扣第二个环节进一步展开检查效果，点拨总结。学生交流观察分析的结果，本专题近几年考查的题型、考查的内容（考点），教师相机引导学生总结此专题高频题型和考点，并针对不同题型，进行解题方法和技巧的精要点拨；第四步，把握方向，预测练习：引导学生根据本地区本专题近几年所出现的中考题型、考点，预测其今年中考题型走向，编写适当的练习题，针对性地进行解题技巧的巩固训练，学生试编该专题中考题，小组交流、分享。

（3）提炼出了小学英语阅读课三步流程法

第一步：导入新课，阅读理解。或复习与本课题相关的旧知识；或教师创设一定的语言环境，导入新课；或泛读，教师出示两到三个简单问题，学生自主快速阅读文章，初步感知文章内容，集体交流答案；或精读，教师分段出示阅读任务，学生自主细读文章完成阅读任务；或师友讨论，全班交流；第二步：解惑释义，互助提高。师友互助找出文章的重难点，全班交流，学生可互相补充，教师点拨、强调；教师出示本课生词、词组，由一名师友朗读1—2遍，教师予以正音后全班集体朗读，师傅检查学友朗读并帮其正音，教师巡视，重点检查学友的朗读情况；教师针对新学的知识出示配套的练习题，学生自主做题，教师出示正确答案，师友互助、互纠、互讲，教师巡视检查，强调共性问题；教师出示一定的关键词，师友合作，复述新学的文章，重点是师傅帮助学友复述，复述后，教师仿照新学文章，设立一个相似情景，学生师友合作完成一篇小文章，集体交流，师生点评；第三步：小组合作，归纳总结。小组、师友互助归纳总结本节课的知识收获，全班交流，师友互相评价，教师整体评价，并评出本节课的优秀师友；教师布置作业，复习本节课的内容，预习下节课的内容。

（4）提炼出了小学低年级语文课堂教学操作流程

第一步：创设情境，导入新课。教师利用 3—5 分钟围绕本节课的教学内容精心设计课前导入，如：讲小故事、播放音乐、观看视频等，把学生的思绪调整到课堂上来。

第二步：问题引领，自主学习。低年级的语文教学多以识字为主，在这个教学环节需要 8—10 分钟，教师可巧妙设计相关问题，引导学生自主识字，同时以小组或同桌交流互助的方式相互识字，这个环节以学生自主学习、相互识字为主。

第三步：互助交流，深入探究。此环节是课堂教学的核心，大约 20 分钟。针对小学低年级的孩子的特点，教师根据课文内容巧妙地设计问题，引导学生在识字的基础上学习课文。这个环节同样以小组为单位，教师层层深入的引导学生通过小组交流讨论，解决疑难问题，最后展示成果。这个教学环节以小组交流，成果展示为主。

第四步：拓展总结，巩固提升。最后的教学环节是本节课的总结和提升，在低年级的语文教学中，根据课文的教学内容进行设计。比如：拓展识字、编故事等，教师合理的利用课堂最后的几分钟时间，对本节课的教学进行总结和提升。

3. 形成了"自主互助课堂教学模式"下的班级管理策略

此模式的研究除了运用于教学过程中，在班级管理中同样适用，本课题组成员通过两年多的研究，形成了"自主互助课堂教学模式"下的班级管理策略。

建立学生档案，充分了解学生。学生入学初期，就精心设计了"××学生档案信息册"，对学生的兴趣爱好、特长、理想、身高、视力、年龄、现居住地址、家庭人口、经济来源、是否重组家庭、父母职业、是否患过重病、最喜欢的学科、最爱或最讨厌的对象（人、物、事）、最向往的地方（大学、城市、国家）、最羡慕（或最崇拜）的人、最喜欢阅读的书籍、最好的同学或朋友、最难忘（或感动）的对象（人、物、事）等情况作详细登记，并随时对以上信息的变更情况作跟踪了解。

合理搭配学友，培养和谐关系，树立"荣辱与共"意识。学友的正确合理的搭配组合，是实施"自主互助"教学模式的基础，也是提高班级学习成绩、发挥学生个性特长、体现班级团队意识和集体观念的关键所在。实施过程中，先明确每位学友的基本责任，比如双方的电话号码（父母电话或座机）需熟记、双方的兴趣爱好要了解（比如喜欢的颜色、爱吃什么等）、双方的家庭住址要知道、双方的缺点不足要上心、双方的学科情况要掌握、每天早上要用 5 分钟交流交心（前一天做对了什么，做错了什么，还有什么没做，今天预备做什么）等；接下来就是开展一些促进学友互助关系的活动、游戏，如蒙住眼睛找学友、学生热衷的撕名牌游戏、背部顶球游戏（双方用背部顶球，跑完规定距离，不掉球的评为最佳搭档）、即兴抽背学友的电话号码等。学友在履行责任和参加活动过程中，班主任安排双方一起接受奖惩的若干环节，有意识的培养学生"一荣俱荣，一损俱损"思想；在游戏活动中，让学友充分感受双方通力合作带来的成就感，从而形成融洽的学友关系。

学友的合理搭配，和谐关系的建立，"荣辱与共"意识的树立，不但能让学生在学习中，积极参与讨论，互教互学，竞相表现，充分发挥个性特长，提高学习成绩。在班级管理中，学友还能相互督促，主动参与班级管理，愉快完成管理任务，让良好的班风充盈整个班级。

细化班级常规工作，明确分工，培养学生责任意识。结合"自主互助"教学模式的特点，我在班级常规工作管理中，充分利用学友结对的特点和资源，先把学习、纪律、卫生、行为习惯等各项常规工作精细化，再明确各对学友的具体责任，然后采用学生管理学生、学友管理班级、班主任宏观调控的模式来进行班级管理。

如：在纪律管理上，确定每项工作都有固定管理者（由一对学友组成），由管理者对相应的工作如学生仪表、出勤情况、违纪现象（追逐打闹、欺负弱小、说脏话、谈恋爱等）、行为习惯等进行监督；班级的每对学友间也要共同监督，共同提醒。

在学习上，制定若干规定，要求学友双方必须通过自己探究学习，互相帮助，通力合作，使自己和学友的成绩在原来基础上提升。如课堂上，共同回答老师的提问（一人回答，一人补充评价，其他学友追加评价）；共同上讲台讲解问题（一人讲解，一人补充并板书，其他学友评价）；共同释疑解惑（在自主探究任务完成后，一起交流成果，一起解决疑惑，遇到两人都无法解决，向其他学友请教，都不会，向老师请教，直到两人都弄懂）；共同积极表现（两人通过交流，意见统一后，要争取展示的机会）；共同提醒监督，保证学友上课不分心，不走神，不做小动作，包括上台说话的声音和站立的角度都要求到位，还有其他各方面都运用这样的管理模式来实现。

这样的管理模式，凸显了学生在课堂学习和班级管理中的主人公地位，学生真正成为班级的主人，更乐于把班级当作自己的家来管理、爱护，积极为班集体争取荣誉；班主任也由班级管理的操纵者转变为引领者，既节省了精力，还培养了学生的责任心和管理等诸多能力。

4. 完成了不同学校、不同学段、不同学科的学生个案研究

两年多的研究，课题组成员对学生进行个案追踪，并积极撰写了个案分析情况，发现学生在自主合作学习能力、表达交流能力方面都有了很大提高。

如第二中学的杨小华来自贤昌镇新场小学，由于地域及语言的差距，他性格较内向，不太善于与同学交流，课堂上一般不举手回答问题，就是回答问题声音也非常小，很不自信。自主互助模式开始实施以来，针对他个人特殊情况，包括性格、生活、学习等方面，我们安排了同样作为住校生的同学陆洁与他同桌。陆洁同学性格开朗、乐于助人，成绩也在他之上，在陆洁同学的影响帮助下，他渐渐地敢于举手回答问题，也敢于在课下和同学老师交流，积极参加班级及学校组织的各种活动。在上个学期，他的作文还获得了黔东南州"飞龙雨"杯作文竞赛三等奖，他的自信心大大增强，一改往日的羞涩，常常主动和老师交流，周末时间还会发一些轻松的音乐给老师分享。

又如：坝芒中心学校陈文杰同学，在实施课改前该生基础好，但不善于与同学交流，合作意识较差，不能积极主动地去学习。在五年级第二学期全县期末统一测试中语文成绩为 81 分，属于中上水平的学生。

究其原因是该同学在学习过程中不能积极主动地学习，作业虽然能按时完成，但总是要老师经常提醒。学习到的知识得不到充分巩固，导致在做作业时经常出现一些低级错误。

实施自助互助课堂教学模式改革研究后，通过对全班学生的学习成绩、兴趣爱好、性格特点等进行分析后，根据 AC、BD 的师友搭配原则。陈文杰所在的师友组合为 BD 组合，陈文杰担任师傅。在学习过程中，师傅的任务是对学友进行疑难问题的讲解，词语的听写以及批改等经过一个学期对学友的讲解，生字词语的听写以及批改。陈文杰能够积极主动地学习并且能帮助学友解决疑难问题，在帮助学友听写词语和批改时，自己写错字的习惯减少了，基础知识得到加强。学习成绩稳步提高，获全乡第一名。

从案例来看，"自主互助"教学模式对于学生的全面发展是很有帮助的，不但能训练学生的思维能力、语言表达能力、口语交际能力，还能培养学生的合作精神，让学生得到全面的发展。

5. 提炼出自主互助课堂教学模式下的课件制作方法

在实践中，课题组成员将"自主互助课堂教学模式"的教学实施环节与"班班通"教学设备融合起来，形成了独特的课件制作方法，便于学生理解"四步法"。"自主互助"课堂教学模式的课件的制作，必须紧紧围绕课堂教学模式操作的四个流程去开展，每一个流程的呈现必须在每张幻灯片的左上角标示清楚，在

每个流程下的小环节必须在幻灯片的右上角标示清楚。在四个流程框架下再加入上课需要的其他内容，突破教学目标和重难点。

这样的课件制作方法使教师能更好地将各个流程实施于课堂教学中，同时便于学生直观地理解，提现课堂教学的完整性，提升课堂效率。

6. 初步找到了"自主互助"教学模式的评价方式

（1）平时评价与阶段评价

除了每堂课对学友进行随时奖励加分之外，还要做好几个阶段性评价。每堂课由任课教师或科代表（也可以是班主任指定的负责人）记录，每堂课得分最高的前三对师友，就是本节课的最佳搭档，在班级量化里加适当的分数；每周五放学前，对本周内各组师友的表现进行汇总，并评出每周黄金搭档六对，在班级的表扬栏里进行表彰，并在班级量化里加分；期末结束，综合考试成绩和平时的量化积分，评出各类标兵，颁发奖状或荣誉证书。

（2）教师口头表扬与肢体语言表扬相结合

对于学友的鼓励，最简单的方法是口头表扬，老师看到学友的良好表现，要当场加以赞赏。比如：你这节课发言了好几次，看得出来你是个善于思考的好孩子。你的想法很有创意，看来你是认真思考了。你的进步可真大，老师为你感到高兴！二组师友两人交流得非常热烈。二组师傅非常耐心地指导学友。用这些简单的话语树立学生信心，激发学习的动力。另外要经常使用肢体语言进行鼓励，如一个淡淡的微笑，给学生平添一份自信；一个轻轻的点头，让学生感受到老师的肯定；老师竖起大拇指是对学生无言的赞赏；老师用掌声激起学生的激情等。

（3）学友间的相互鼓励评价

老师一言堂式的表扬和鼓励，不能全面地激发学生的动力，有时还需要让学友之间进行相互评价，让他们之间互找优缺点，对于学生来说更有说服力。学友互评，既可以是不同学友之间的评价，一组学友谈另一组学友的表现。也可以是一组中的师傅和学友互评。评价的时候，主要谈别人的优点，也可以说说自己从别人的表现中得到了什么启发，有什么收获，尽量不说或少说缺点，这样可以让学生学会赏识他人，善于发现别人的优点，以便于扬长避短，使自己不断进步。

（4）让教室的墙面成为学友共同进步的见证

每个学生的进步都可以采用张贴红五星的形式比一比，激发学生的竞争激情。教师在研究中改变了课堂评价机制，在课堂教学评价中，形成了生生互评、师生互评、学生自评和教师点评的多种评价方式，在评价中，重点看学生课堂的参与学习程度和主动学习的时间以及在学习中主动获得的有效信息和学习效果；同时也对学生能力的培养和才能发挥进行评价，学生在多元评价中找到了自我，实现了自我的价值，张扬了个性，增强了学习的信心，学业成绩也得到了大幅度提高，提高了教学管理效能。

7. 研究出了学生全员自主学习的表现方法，催生了我县"小班化"教学改革试点工作的开展

德国教育学家第斯多惠说过："教学的艺术不在于传授本领，而在于激励、唤醒和鼓舞。"郭沫若说："教学的目的是培养学生自己学习，自己研究，用自己的头脑来想，用自己的眼睛看，用自己的手来做这种精神。"

所以自助互助课堂教学模式的最大特点就是充分挖掘学生个性，在课堂上唤醒和鼓舞学生自主思考、全员参与的意识，充分体现学生在课堂上达到100％的全员自主思考和互助表现力。

为培养学生个性化发展，促进教育公平，在农村中小学自助互助课堂教学模式研究的基础上，在各级专家领导的鼓励下，结合麻江县农村学校80％的班级学生在30个左右的实情，麻江又开展了"小班化"教学试点改革的研究工作。

以上理论研究成果，是通过课题组大量的听课评课，开展课堂教学模式研讨课、磨课、比赛活动等实施过程中，不断探索、实践、研讨、汇总、研究出的"自主互助"教学模式理论成果，大部分班级在教学成绩、班级管理等方面取得了可喜的成绩。

表3-1 农村中小学"自主互助"课堂教学模式研究课题
实验班与非实验班教学效果对比分析

学校：第二（杏中）中学 学科：数学 实验班级：七年级（1）班 非实验班级：七年级（4）班

实验前后	时间	类别	人均分	及格率（％）	优良率（％）	学生表达能力、思维能力、探究能力、合作意识等综合素养对比
实验前	2015年1月	实验班	98.35	60.2	28.57	学生踊跃回答问题，表达流畅，声音洪亮，同时学生大胆质疑，敢于答疑
		非实验班	43.38	6	0	学生学习不主动，回答问题不积极，声音小，表达不清楚

续表

实验前后	时间	类别	人均分	及格率（％）	优良率（％）	学生表达能力、思维能力、探究能力、合作意识等综合素养对比
实验后	2015年7月	实验班	105.64	73.69	31.95	对于难度较大、综合性较强、学生把握不住或短时间不能圆满回答的问题，学生们可以在课堂上与学友展开讨论，相互修正和补充，共同提高
		非实验班	60.12	12	6	学生都有较大的压力感，怕回答问题有错难堪，或者畏惧自己的语速跟不上思维而遭到同学的取笑
	2016年1月	实验班	119.78	86.21	62.07	学生对数学产生浓厚兴趣，能主动独立思考问题，善于观察、交流、归纳概括
		非实验班	86.26	57.38	21.31	学生还是很保守，闷着学，不敢暴露问题

这样的例子很多，此课题几乎涉及全县 27 所中小学校的教师和学生，根据麻江教育实际，出台了 13 份关于自助互助课堂教学模式改革的文件和方案，组织开展了 26 次课堂教学模式改革的相关活动，撰写了相关论文、教学设计案例共 71 篇，许多教师在实施过程中逐步走向专业化的发展，如课题组成员荣获县拔尖人才和县管专家、乡村教育名师等称号，其他教师 10 余名教师论文获省州级一等奖，8 名教师被评为州级、县级等优秀教师和黔东南州教师培训基地主讲教师，进行课堂教学模式改革的教师教学成绩显著提升，全县教学成绩获得全州一次第二名，两次第一名，麻江县各中小学获黔东南州教学质量奖次 24 个。

当然，要想让一种模式适合所有的学校、学生、教师，很难实现，但我们力求完善此模式，尽力在四步教学流程的基础上探究、细化出更多的教学策略，使"自主互助"课堂教学模式更趋于成熟，更好地服务于麻江的教育发展。

（二）实践成果

1. 学生层面

农村孩子的怯懦、扭捏不见了，取而代之的是课堂上的自信和侃侃而谈；学生无论是听说读写还是设计实验、动手操作都运用自如，学生的综合能力得到全面提高。

学生获得独立自主、亲身参与研究探索的积极情感体验，逐步形成一种在日常学习中喜爱质疑、乐于探究、努力求知的积极心理。

发展了学生独立探究和合作学习的精神。通过研究发现，学生团结协作的能力得到提高，也促进增进学生之间的感情，使学生的心灵得到美好情感的滋润，向往美好的情境，关心自然和生命，对感兴趣的人物和事件有自己的，感受和想法，并乐于与人交流。

提升了学生的信息处理能力。通过自助互助课堂教学模式的研究，锻炼了学生学会独立思考互助交流的能力和习惯，提高了学生的综合素质，学生在分组讨论过程中，锻炼了学生综合归纳知识的能力，如学生在演讲比赛、作文竞赛、书法比赛、手抄报比赛等方面都获得了许多成绩良好的成绩，在这过程中养成了学习良好的学习习惯。

2. 教师层面

（1）教师的整体素质得到全面提升

课堂教学改革极大地调动了教师的工作热情，有效改善了教师的职业倦怠状况。部分教师逐渐脱掉课堂满堂灌的现象，参与课题研究的教师们积极为课堂教学改革献策献力。全县教师不分年龄、不分学段、不分学科，全员投入课堂教学改革。一大批中年教师焕发职业青春，跻身课改大潮，成为课堂教学改革的骨干力量，成为课堂教学改革的生力军，两年多的实践研究，教师共写出自主互助课堂改革相关的论文、教学反思案例及 71 篇，其中 20 篇在省州获奖并发表。扎扎实实的课堂教学改革促使教师的整体素质得到全面提升。

（2）教师处理教材、驾驭课堂的能力到有效的发展提高

通过多次的课堂教学模式观摩课培训，教师的理论水平得到很大提升，课堂处理艺术、驾驭课堂的能力大大提升，如黔东南州教科所组织的教研会上，麻江选派的课题组成员语文、数学教师的课堂得到大家的好评，并等多次到州里上示范课。

（3）研究促使教师养成良好习惯，研减轻了教师课堂教学的负担

课堂上教师们注重学生自助互助的思考交流合作的能力培训，注重有效地组织突破教学目标重难点的梯度问题，给予学生思考解决问题的时间，教师的主导作用逐步得到发挥，不再累而无效。

3. 学校层面

农村学校的教学质量得到稳步提高。通过课题研究，在学校形成了良好的科研氛围，课题研究的复习方法和策略能得到各学科教师的认同，并积极运用，有效提高学校教学成绩，并且在浓浓的科研氛围中，同事之间、学生之间关系融洽、感受到集体的温暖，丰富了学校的内涵并促进发展。

探究教学的实践，改变了课堂教学的面貌，教学方式产生了变革：一是变被

动接受为积极探究；二是变以教师为中心的封闭、静态的讲授过程为学生主动参与的开放式动态教学；三是变学生呆板消极的学习行为为主动的动手、动口、动脑的灵活学习过程，从而使课堂教学方式发生了根本性的变革，参与课堂模式改革的教师所上班级的学生成绩在同行之间、前后的对比都有不同程度的提高。

4. 县级层面

坚持自主互助课堂教学模式改革研究，全县的教育工作得到提速和发展，同时全县掀起了课堂教学模式改革的热潮，在此课题的引领下，我县现在共有"4＋2合作互助""做中学""六基"课堂教学等模式。乐坪小学的赵荣锦实施自主互助课堂教学改革，在荣获"首届马云乡村教师奖"时，对他的课堂教学给予很高的评价，参与课堂教学模式研究的艾林权老师，研究的AW教学模式在受邀参加第二届华人数学教育会议暨数学教育鄱视生论坛大会上发言，得到与会专家的好评。

三、反思和讨论

此课题研究，使从学生、教师、学校到全县的教育水平都得到了很好的提高，有许多成功之处。

一是有研究特色。体现在研究立足于教学第一线，研究的内容和方法具有可操作性；课题组大量的听课、深入教学第一线，开展丰富的会诊研讨活动和大量的阅读讨论，对课堂教学情况如实的调查了解分析，找到目前课堂教学中存在的弊病，此研究出的结果对提高课堂教学的有效性具有切实可行的指导作用，研究的课堂教学模式流程以学生全员表现力为宗旨，能激发自主学习兴趣、充分发挥学生的能动作用，促使学生身心得到良好健康的发展，让教师从繁杂的课堂教学中解放出来，能有效提高教育教学质量。

二是具有学术价值。所以我们采用"自助、互助"的策略和"创设情境、导入新课—问题引领、自主学习—互助交流、深入探究—拓展总结、巩固提升"四步自助互助课堂教学方法，都能充分发挥学生的主动意识和进取精神，在每节课的教学中，以优带差，先提问后进生，再让优等生补充完善，老师规范点拨，从而有效达成教学目标，能锻炼学生动手、动脑的能力和表达能力，真正达到学生提高、教师减负的双赢的目的，值得推广和借鉴。

困惑不足：因工作繁杂，课题组成员的工作量都很重，虽然在实践中做得较多，但对课题的理论研究还不够深入。另外，教师还需要学习大量的知识，静下心来思考的时间还很少，导致课题研究的范围狭窄，沉淀的东西浅薄。

三是在培养学生个性发展乐于探究方面虽有改观，但普及性不够，使他们形成良好的个性和健全的人格，都还需要加强。

下步工作建议：

一是让理论跟上实践，在繁重的工作之余，好读书、读好书；

二是扎根于现实的土壤，以学生为本，根据研究中遇到的具体情况，边实践、边探索、边修改、边完善，使理论与实践，成果与应用有机统一起来，强化实践，注重理论成果的再提升。

三是加强"送出去、请进来"，提升课题组成员的理论素养，打造"精品"教师，期望每一个课题组成员都能独当一面，形成"自主互助课堂教学模式"下独特的教学风格。

四是在以"自主互助"为核心下，各学科教师根据学科特点，探究出适合学科自主互助课堂教学策略与流程，通过多形式、多渠道提升课题的影响力，做好在全县到州、省的推广工作，发挥课题的辐射和引领作用。

农村初中、高中语文教学脱轨分析

二十年教学生涯，我大部分时间坚守在九年制义务初中教育第一线，中途也曾接触过几年高中语文教学，工作中便认真钻研教材，广泛借鉴教法，竭尽所能地想给学生提供最好的服务，却发现一个问题：农村初高中语文教学存在脱轨现象。结合实践，我归纳出以下几点：

一、基础知识脱轨

初中语文教学特别重视生字词的音形义，重视造句、句式变换和语段的训练。《初中语文教学大纲》明确规定学习内容有了解词的分类、短语的结构、单句的成分划分、复句的主要类型和常见关联词的用法。而教材中没有专门的语法篇章，中考又回避语法考题，于是初中语文教学中语法教学在一些教师那里就是空白。

可是高中语文教学对字音字形字义及句段训练教学已经淡化，基本上由学生在预习和作业时独立解决。《高中语文教学大纲》没有对语文基础知识做出具体要求，尤其没有明确语法知识教学。这就不可避免地出现初高中语文教学的脱轨现象，于是我们也听到一些学生反映自己的语法知识认知竟然是在英语课堂上获得的，这不能不说是在给我们语文教师提意见。

二、阅读教学脱轨

《初中语文教学大纲》明确学生要学习欣赏文学作品，感受作品中的形象，欣赏优美、精彩的语言。教学中，老师们通常从整体感知课文，体会作者态度、观点和感情，理解课文内容和思路，理会词句在语境中的意义和作用，对课文内容、语言和写法有自己的心得，能提出看法和疑问。

《高中语文教学大纲》明确要求学生初步鉴赏文学作品，能感受形象，品味语言，领悟作品内涵，体会其艺术表现力，有自己的情感体验和思考，受到感染和启迪。老师们在组织教学时，也从整体感知课文，了解文章主旨，理清行文思路，欣赏特定语境下的语言含义，评析创作特色入手。

对比中，我们不难发现初高中语文教学大纲对文学作品阅读要求其实是一致的，只是选用的教材难易程度不同，决定了教学中侧重点和教法应该有所区别。

实际操作中，初中老师不知道高中要求，高中老师不知道初中教学现状，便会让教学脱轨显露危害。

三、语言运用教学脱轨

翻开初中教材，许多课文后面设计有专门的语言实际运用练习题，学生重视，老师也重视。高中教材没有专门设计练习题，只在辅助材料和考试中出现。这给部分老师和部分学生造成语言运用不重要的错觉，等到高考复习才重视时，就已经造成教学脱轨了。

四、文言文教学脱轨

近年来，由于全国掀起课改热潮，语文教材改编有了很大的变化，大量文质兼美的作品进入初高中课本，同时，也出现一两篇课文在初高中都有。例如《邹忌讽齐王纳谏》就分别出现在九年级下册和高一年级上册中。这本身也可以算是一种脱轨。

不过，初高中语文教学大纲对文言文教学的要求是不同的。初中学生学习文言文，只要求能了解文章大意，掌握几个实词的意义和用法；高中生学习文言文必须掌握 18 个文言虚词、200 多个文言实词、五种特殊句式，必须理解文章大意、写作思路、艺术技巧等。不管是编排的有意，还是排版的大意，面对重复出现的课文，如何教学也是初高中语文老师们教学必须解决的一道难题。

五、作文教学脱轨

语文教学中，一个重要的组成就是作文教学。摆在大家面前的困难是，指导太多，造成千篇一律，学生丧失创新意识；指导不够，学生找不着北，提起笔来不知如何下笔。这说明，把好作文教学指导的度，无疑是为学生作文学习之路点一盏明亮的灯。

懂得这个道理后，老师们便需要一边充分利用一些典型课文进行指导，一边通过作文专题、作文讲评等方式对学生进行审题、立意、布局谋篇等进行指导。

六、教法脱轨

在"新课标"理念成为教学主流思想的时期，初中语文教学更多关注学生的学习兴趣、个性差异；高中语文教学更重视学生的自主创新与合作探究。如果没有顾及两者之间的异同，也会造成教学中的脱轨。

当然，初高中教学本是一脉相承，教学中的每一种脱轨都会影响教学质量，影响学生的学习成绩。因此，解决初高中语文教学脱轨问题已成为眼下的一件紧要之事。而我以为，只要我们积极主动学习有关教育科研理论，经常交流教学经验，不断反思教学效果；只要我们每一位教师在接任新生教学任务时，能提前准备好对学生的了解，对中小学教材都能系统熟悉，即使是一位刚刚走上讲台的新手，也能避免或减少教学脱轨问题。

下面是我教学七年级课文《安塞腰鼓》时的问题设计，也是一次教学接轨尝试。

1. 教师范读，学生闭着眼睛倾听，然后说说听到什么

设计这一问题，一方面让学生领略文中的声音美，另一方面充分发挥学生的想象力和联想能力，将文章主旨在教师的朗诵和学生的直觉中表现出来。经过尝试，我们原以为学生很难理解到"生命"的内容，一般都停留在对"力量"的把握中，结果有部分学生还是体会出来了。这充分表明初高中语文教学很容易找到接轨点。

2. 学生自读课文，指出文中的画面美

这个问题的具体操作是让学生为课文中的画面拟定一个相对吻合的标题，通过比较得出我们认为最美的题目写在黑板上。同学们的竞争欲被激起，纷纷开动脑子拟出一个个题目：《高粱地·安塞腰鼓》《静》《鼓舞》《黄土高原·农民·鼓》《宣泄的劲鼓》等，当然其中一些题目是在老师的引导下完成。如果这样的问题让给高中生完成，那是极容易的，让初中生在老师的引导下完成，就是一种接轨考虑。

3. 读课文中美的语言

语言鉴赏对高中学生容易，对初中学生难，但我们只要先把语言鉴赏的几个角度教给学生，立足于修辞的运用和效果来完成，学生自然就豁然开朗。这篇课文中大量的比喻、排比、摹声和反复等修辞，一个个都让学生找出来分析清楚，再进行仿句练习，今后的语言鉴赏学习就变得容易，学生也会在写作中有意无意地运用这样的修辞，美化自己的语言。

而高中语文语言鉴赏除了从修辞角度分析外，还包括语法、风格、内涵、技巧等，这样的以点突破，由浅入深，能有效促进高中语言深度鉴赏。这就是一种接轨尝试。

4. 读课文中美的结构

设计这样的问题，其实是让学生了解写作的顺序，训练其逻辑思维。虽然有难度，但我通过箭头标注的方式，学生极容易理解，也容易掌握。

静→看、听（多么壮阔、多么豪放、多么火烈的舞蹈哇——安塞腰鼓！）→想（好一个安塞腰鼓！）→听、想（好一个安塞腰鼓！）→想（好一个黄土高原！好一个安塞腰鼓！）→听、看、想（好一个痛快了山河、蓬勃了想象力的安塞腰鼓！）→静。

经过这样的训练以后，学生在今后的结构分析中能找出段落间的区分点，能捕捉关键的中心句、主旨句、抒情句、议论句区分段落，能迅速归纳段落大意，从而很快适应高中语文现代文阅读教学，能在平常练笔中做到言之有序。这样的设计无疑已经是将初高中语文教学接轨起来。

5. 品味课文的思想美

《安塞腰鼓》从赞扬鼓声，到赞扬黄土高原，再到赞扬黄土地上生活劳作而充满乐观精神的人民。这样的主旨是能激起学生共鸣，能自然联想起家乡勤劳善良、健康淳朴的父老乡亲，能联想到地方民族歌舞，地方独具特色的美来的。语文教学不就是在具体的篇目中，让学生感受美，并创作美吗？这样的指导不是非得等到高中实施，初中有意识的渗入，高中有目的地强化，这样的接轨应该是有效的接轨。

实践证明，这样设计的教学，效果比较好。经验交流会上，很多老师也肯定了"让初高中语文教学接轨"这一提法。有理由相信，只要不同阶段的教育连成一体，并使之规范化、系统化、理论化，语文教学才能在正确的轨道上，显示其科学性、合理性和有效性。

农村学校新办高中语文教学方法

随着九年义务教育的不断深入和发展，我县为逐步完善普及高中教育，目前除了一所完全高中部以外，初中部第二中学在县政府的规划下，于 2011 年新办了高中教育。但因为学校以初中部为主，高中的办学硬件设施如校舍、实验器材、教师配备等都远远达不到高中办学要求。加上刚刚办高中，家长的信任度不够，因此所招的高中部学生，是由都匀一中、凯里一中、凯里民中、凯里振华民中、县城一中等高中部招收后所剩的 200 名学生，初中毕业考试总分 650 分，但这 200 名学生的人均分才到 220 分，且大多数来自偏远农村，综合素质较差；加上学校教师都是初中部教师，要去上高中的课，无论是教师自身知识深度广度或是高中学科的教育教法、教学经验等都与高中教学有很大差距，上高中课的教师大多无所适从。我自己也是从初中部调整到高中去从事高一语文教学，在近一年的高中语文教学中慢慢摸索到一些方法，把它整理出来，希望得到专家和同仁们的帮助和指导，使我们尽快成熟起来，让新办高中的学校得到更快的发展。

一、狠抓写字教学，培养学生的综合素养

教育部制定的《关于在中小学加强写字教学的若干意见》和《语文新课程标准》中都强调了写字的重要性；从 2008 年开始，《普通高等学校招生全国统一考试大纲》的写作部分，与以往相比有了新的规定："书写规范，标点正确，每错一个字扣一分。"许多自主命题的省区甚至把错别字扣分的上限设定为 5 分，要求学生用钢笔写字，写正楷字，卷面要整洁、美观。基于以上认识，再看看自己学生的作业，大多学生写字随意性大、乱写乱画、乱涂乱抹、错字、别字很多，这种张牙舞爪的书写让我很担忧。所以从高一开学一周后，我决定狠抓写字教学，希望从写字教学上培养学生的综合素养，提高语文教育教学质量。

（一）开始用"永"八法教会学生写字

从点、横、竖、撇、捺、折、钩等的写法到字的间架结构，从写字的握笔方法到写字坐姿等教会学生做到科学规范。另外我常在教学中给学生灌输"字如其人""字是敲门砖""字是人的第二张脸，我们不能改变相貌，但可以改变字貌"等思想，让学生明白写字的重要性。

（二）激发学生写字兴趣，营造浓厚的学习氛围

孔子曰："知之者不如好之者，好之者不如乐之者。"在开设写字课的同时，我为学生举行书法讲座，讲述古今书法家学习书法的故事，及一些名人练字的趣闻逸事，以此来激励学生练字的积极性。然后定期有序地开展书法比赛活动来激发兴趣，如开始时我先让学生工工整整写一篇小楷，收上来贴到墙上。学生练过一段时间后，再认真写一篇与之对照，看谁的进步大，以此激发学生的成就感，增强练字的信心。有时定期进行小楷展览和评奖，让学生相互间进行横向比较，激发学生的好胜心，增强练字的欲望和荣誉感。

（三）持之以恒练习书法、让练习书法成为习惯

郭沫若曾在《人民教育》杂志的题词中说过，总要把字写得合乎规范，比较端正、干净、容易认，这样养成习惯有好处，能够使人细心，容易集中意志，善于体贴人。

所以我每天要求学生在下午上课前 20 分钟进行写字练习，让学生通过练字洗去浮躁、沉淀平静的心境准备集中精力迎接下午的课。课前小组长检查，每周教师全面检查。在学生每次作业和测试时字写得好的就加 5 分并进行作业讲评，半期累计一次，对加分多的学生发奖品进行鼓励，这样通过检查鼓励和鞭策，培养学生良好的写字习惯和良好的意志和品质。

二、在教学中扎实做好初高中语文基础知识的衔接工作

初中淡化语法，高中语法知识却非常重要，因此，在高中语文教学中，在每节课上我特别注意引导学生把高中语文涉及的知识点与初中的知识紧密联系起来形成知识体系，强化学生巩固并温故知新。如表达方式、表现手法、词性、修辞方法等知识点和概念，刚开始学生对这些知识大多模糊，在每节课教学中我注重结合高中初中的语文课本中的例子给学生归类、讲解，让学生能举一反三，清晰地掌握和运用。这样如魏书生所教会学生运用的知识树一样，形成清晰的知识结构图，提高语文教学质量。

三、充分利用语文教材资源给学生丰富的写作素材

放眼看去，很多作家都是从语文课堂及语文课本中找到素材进行写作的，如张晋整合课本素材进行《笔落惊风雨，诗成泣鬼神》的写作。但面对学生基础差、视野窄、写作差、篇幅短等现象，我想到初中的 6 册语文课本、小学的 12 册语文课本里的文章，都是古今中外名人大家的作品，如果学生都把每篇文章的写法和语言精华记下并运用于自己的写作，那就会大大提高写作能力。因为这些课文学生已学过，让他们再去看自己所学过的文章则更容易记忆和理解，更容易唤醒学生对每篇文章中的精美语言及诗歌的记忆，更能引导学生在作文中运用起

来。于是我引导学生利用周末或假期去分类摘抄初中小学的课文。要求学生摘抄诗歌时要摘抄完整首诗，其他文章要求摘抄自己喜欢的句子或富有哲理性的语句，摘抄完后每个学生给自己的摘抄本取一个名字，做好封面，编辑成书册进行比赛展览。然后每天上课前有计划有任务地让全班记忆、背诵、朗读，采取小组长抽背，上课时教师抽背等方法鞭策学生记忆积累。这样记忆积累完后进行默写名句和诗歌比赛并评奖，丰富学生良好的写作素材，提高学生语文素养。

在不断归类鞭策背诵积累语文课本中的素材后，开展作文讲座，教会学生作文的方法，如看题、审题、把握作文中心，写作时主旨深邃高远，选材时充分利用课文选材、模仿课文进行写作，充实文章内容的方法；再对写作层次的摇曳多姿、语言亮丽生辉等方面进行指导，要求学生充分利用课本内容的诗词、名言等运用到作文中去。这样教会鞭策学生学会积累运用，每次学生作文后进行互评活动。看看谁能恰当地在课本里引用的经典名句和诗词最好最多，并进行作文讲评来鼓励作文优秀和评改水平高的学生，不断训练学生运用语文知识的能力，提高语文教学质量。

四、教会学生审题答题的方法，从细节上培养学生学习的能力

针对学生答题存在的问题如：理解失误、泛泛而论、不会分析，或表述不准、啰唆，或文不对题、要点不全，或答题思路不清、知识储备不足等现象，我在教学中注重将不同类型文章的阅读方法分别指导，如诗歌鉴赏要求做到看问点、规范答题、熟记鉴赏术语、熟悉意象含义、把知识点理清楚、严格训练等，又如文言文要做到回归课本、用心积累、多诵读文章、严格训练直译、做适当的练习等从细节上学会学习，提高教学质量。

五、为学生创设归纳所学知识，会出题自测和检测的平台

学完一类课文后，在班上设置学习小组分配任务，以组为单位在全班对所上同类型的课文进行知识点归纳，其他学生再根据各组知识点归纳情况把知识点编辑成册。

从学生自己归纳的知识册里选出问题进行互评和检测，这样学生自行归纳的知识永远属于学生，记忆是深刻的、清晰的。

六、努力加强自身的业务素质和能力，尽快适应高中教学

总览高中所有语文必修和选修教材，做到胸有成竹，有目的、有方向。

认真备课，认真看大纲的要求，专研教材，把握每一课的知识点和重难点，从网络上下载每一课的教学视频观看，学会高中名师的课堂处理艺术。

多做高考题，把握出题方向，在做题中不断提升自己的知识深度和广度，加强自身的业务能力和修养。

多与同行和其他高中部教师交流学习，不断吸收适合本地学生的教法，尽快适应高中教学。

七、结束语

以上是我在农村新办高中的语文教学中的一些做法，通过一学期的努力，感觉学生从学习积极性到期末考试成绩都有很大进步。上学期期末学生语文成绩均分是一百多分，自己也得到一些安慰。我把自己的做法罗列出来，希望抛砖引玉，引起大家的关注，赢得各位专家和各位语文教师的帮助与指导。让我们共同发展，为提升我省的语文教育教学质量多做有效的贡献。

农村中学语文假期作业的布置与检查

一位家长说："如果我还给孩子一个纯真、轻松、愉快的童年，那么，我必将欠孩子一个辉煌、成功的未来!"在目前我国的中小学教育中，老师和家长很多时候面对学生作业的矛盾是无奈的。我想一个学生如果拥有纯真、轻松、愉快的童年，又拥有辉煌、成功的未来，那么这个学生肯定是幸福的，而这种幸福要来自教师做到"作业从培养学生的能力出发，把作业做成是教师精心准备给孩子的一份礼物"。

《语文新课程标准》要求："教师面对新的教学理念，不仅要在平时的学校课堂教学中得以落实，而且在假期作业的设计和布置上也要得到很好的体现。设计出一个能体现'大语文'观念，能全面培养学生的听说读写能力，能体现语文教学的人文性、综合性、实践性的方案。为此，教师有必要探索一种针对学生实际的、行之有效的方式来体现这一原则，让学生练好基本功，少走误区；让学生在假期里能快乐、轻松地完成作业。"

根据新课程标准的精神，我在每学期放假前的几个星期，先在班上引导学生观看《新闻联播》《焦点访谈》《新闻调查》《道德与法制》《百家讲坛》《子午书简》《走进科学》《开讲啦》《中国诗词大会》等电视节目，让学生在看这些电视节目中做好记录和感受，然后在班上开展心得交流活动。引导和培养学生去关注时事、关注有益于身心发展的电视节目，培养学生正确的人生观、价值观。然后引导学生举出许多生活中与语文有关的实例，如小茶杯上、小扇子的诗词，各种用具、药品上的说明，每个景点上的广告语，家家户户的对联等。让学生体会到"生活处处有语文""处处留心皆语文"的道理后，再布置假期作业。或让学生在观看有益电视节目时写心得感受，摘抄电视节目里的妙词佳句；或让学生在假期走亲访友、旅游集会等活动中，注意观察采集语文材料，如对联、名言警句、古诗词、小故事、名人名事、宣传广告等，假期结束后在班内交流评比，使语文资源共享；或推荐课本以外的部分名著、名篇，让学生读后做好读书笔记，假期结束后举行"我最喜欢的名著或名篇"读书演讲比赛活动；或者让学生自编书刊，如让每位学生向家乡老人寻找家乡的民间故事、名人轶事、歌谣、童谣等进行撰写编辑成书刊，要求每篇文章有插图设计、封面设计、拟定的题目及前言后记等，开学拿到班上进行展览评奖。

我觉得每学期采取这些形式布置的假期作业，既灵活多样地激发学生兴趣，又培养了学生观察生活、热爱生活的兴趣，既关注了学生的生活体验，又使学生运用语文知识的能力得以提高，同时也让学生有许多成就感、满足感。

在放寒假前，我给班上布置的寒假作业是：积累寒假观看电视节目中的优美台词，如收集大年三十晚上，中央电视台春节联欢晚会节目主持人的优美台词至少 30 句；摘抄街道铺面、楼房、家家户户的对联不少于 30 副；摘抄在走亲访友、旅游景点中看到的广告语句不少于 30 句。并强调所摘抄的句子能够熟记于心在开学时背诵评比。等到开学的时候，我首先检查了学生完成作业的情况，大多数同学都已经完成了，在开学上课的时候，我先让学生就假期所摘抄的句子与平时课前活动所积累背诵的名言成语，以组为单位交流后再熟练背诵加深印象，充分做好背诵比赛的准备。然后让全班学生分任务按座位顺序到讲台前大声脱稿朗诵出来，第一组每个同学至少一口气背诵出 20 句名言，第二组背诵出 20 句经典电视台词，第三组背诵出 30 个成语，第四组背诵出 20 副对联。

荀子曾说："不积跬步，无以至千里；不积小流，无以成江海。"在每个学生都有机会来参加朗诵比赛，锻炼学生的口语表达能力后，我再发 A4 纸给学生，用 20 分钟时间让学生进行名言、成语、对联默写比赛，要求默写的名言不少于十句，成语不少于十五个，对联不少于十副，都满足这些条件后分值为 60 分，多写一句名言和一副对联再加 2 分，多写一个成语加 1 分来评奖，并颁发奖状和奖品。然后又把获奖同学默写名言、成语、对联的 A4 纸收集起来，编辑成班刊在班上交流共同欣赏。让学生积累的语言资源得到共享，来丰富提高学生的语文素养。

《新课标》指出："语文教学要注重语言的积累、感悟和运用，注重基本能力的训练，给学生打下扎实的语文基础。同时要注重开发学生的创造潜能，促进学生的持续发展。"因此，我常常在每个假期中设置自主积累性的假期作业，大大激发了学生积累的兴趣和热情，调动了学生学习的积极性和主动性。通过这样的积累，学生养成了观察生活运用知识的习惯，积累了丰厚的文学文化素养。为写作积累了丰富的语言素材后，我再在平时上课中经常进行优秀作文教学讲座，引导学生把积累的语文素材自如地运用于作文中，提高学生的写作能力，促进学生的持续发展。

总之，教育教学是比大海还深的一门学问，要去探究的知识太多，我只是一个小小的、平凡的教师，希望自己在广袤的教育大海上，能以灵活有趣的形式，立足课内，放眼课外，让听说读写相结合，让学生学习语文的兴趣作为船桨，让同行的批评指导作为风帆，自己努力破浪航行，早一天让学生渡到拥有辉煌、成功的幸福彼岸。

农村乡镇初中语文教育教学工作漫谈

　　我在农村乡镇初中部任教时，所接任的每一届学生的知识基础、家庭情况、智力发展等都参差不齐，但通过三年踏踏实实地上好每一节语文课后，我所任教班级学生的语文素养都得到很大提高，学生学习语文和运用语文知识的能力都能得到均衡良好的发展。所任教班级学生在中考中，成绩都获全县同级同科第一名，并且所任教的学生升学到各个地方的高中后，大多数学生能成为所在高中班级的语文尖子，成为班级或学校的黑板报设计能手，在许多朗诵大赛或各级作文比赛中获奖，语文成绩稳居 110 分以上，为学生的高考打好了扎实的基础。甚至我所任教的学生在踏入社会工作后，在单位里也是办公室获业务能力很强的优秀工作人员，我回首自己在农村乡镇十几年来的初中语文教育教学工作，有许多感慨，也有许多心得和收获。

一、紧跟时代步伐，孜孜不倦求知，永远给学生鲜活清亮的知识

　　要想使教法紧跟时代，吸引学生，在工作之余就得孜孜不倦地学习，平时有空可以去学校图书室看书，每年与学生同步看完学生所学的课程，并把学到的各科如历史、生物、思品等知识综合运用到语文课堂上，以便提高学生综合运用知识的能力。

　　无论是书法、篆刻、绘画、音乐，还是古今中外的名人名著，无论是现代教学新理念、新方法，还是古今中外的教育理论、科学、哲学知识，都应广泛涉猎和研究，力争使我们在三尺讲台上站得更高，望得更远；把所学的知识结合教学实际和学生情况，灵活地融会于每堂课的教育教学之中，用高远的知识去浇灌学生的心田，激发学生"爱学、乐学"的兴趣，使学生迸发出一串串智慧的火花。

　　在上语文课的时候，为培养学生参与、体验、感悟的能力，可采用灵活多样的方法。如诗歌教学，可让学生根据诗歌意境绘画成册，去品味诗境之美；或用吹竖笛、唱歌、舞蹈等形式去欣赏古诗的韵味之美。在课堂上，有时可让学生把课文编成戏剧去进行表演比赛来拓展课文内容和挖掘文本内涵，培养学生的表达能力、思辨能力。当学生在课堂上疲惫时可进行成语接龙比赛，或要学生即兴演讲来激发兴趣，或在课堂上引导学生用课本上的古诗、名人名句去创作成书签、变成书法作品来加以运用……无论在传授字、词、句、段、篇的知识上，还是培

养学生听、说、读、写的能力上，我认为给学生的知识应该永远是鲜活的、清亮的，让学生真正体味到中华文化的魅力。

另外，坚持教会学生练习书法，可以先传授写字练书法的要领，然后要求学生每天坚持练习至少一页纸，上课前放在课桌上老师再查看。持之以恒地对学生进行鼓励与鞭策，使任教的每届学生都有一手漂亮的钢笔字。既使学生在考试时字迹整洁得分高，又能成为学生终生受用的敲门砖。

二、多上网看看名家课堂教学视频，领会课堂艺术处理方法，勇于上示范课实践提高

多看名家教学视频，让自己眼界开阔，会学到许多优秀教师的课堂处理艺术，让自己在课堂上充满激情，会用灵活多样的方法来突破每节课的重难点。如《天上的街市》《孔乙己》《作文·想象》《三峡》《背起行囊走四方》等优质课光碟，另外如魏书生的许多教学视频、教学工作讲座视频等都可以看完、吸收。

在新课改的浪潮下，大多教师特别是年轻教师无以适从。针对这些情况，要勇于上好公开课，把看到的视频知识运用于实践，在实践中提升。如我为学校语文教师上了《向沙漠进军》《作文·感动》《归园田居》《岁月如歌》《唐雎不辱使命》等示范课，对提高教师尤其是年轻教师的教学水平和实践能力有帮助，自己也在课后的说课、评课中不断地提高，从而提高上课水平，在课上要质量要成绩。

三、细致耐心科学的管理班级，从班风学风中出成绩

苏联教育家马卡列柯说："爱是教育的基础，没有爱，就没有教育。"

在平时的班级管理中，首先要培养学生的责任心和责任感。如在每年接到新生的开学初，可以细心观察谁主动拾起讲台上的废纸，谁主动把桌椅摆整齐……然后在班上开展讨论，听听他们的发言。从观察和听的过程中了解每位学生的思想和品德，然后与学生一起在古今中外名人典故中，寻找细节决定成败的事例来开故事会，让学生通过故事，对照自己的行为和做法，明白立身处世的道理。然后再举行"班干竞职演说"，"学生理想畅谈会"等活动和批阅学生作业，全面了解学生后选定好班干，创设好平台，让每个学生都有承担责任和获得锻炼的机会，培养办事能力和增强责任感。特别是班上单亲家庭的学生和留守学生、顽皮学生，更需耐心地指导，激发他们的进取心，促使他们不断地超越自己。

当学生在成长中有了进步和取得成绩时，要及时对学生进行由衷的赞许和鼓励，有时是轻轻地拍拍学生肩膀，有时是投去一束亲切的眼光，有时是一句幽默的话，有时是一句鼓励的名言。并且在班上常设立多种多样的激励措施，如以红五星、光荣榜、喜报、糖果等去表扬学生，用这些方法唤醒学生的生命感、成功

感、责任感。

四、教学生学会做人，培养学生良好的行为习惯，从习惯中出质量

一教学生孝敬感恩父母。如要求学生记住父母的生日，在节日里为父母唱歌或为父母写感谢信，为家中老人洗洗脚、捶捶背，在"三八"节时给妈妈送上一枝康乃馨，说一句祝福的话等，并让学生把这些日常细小的行为感受写成文章来朗诵和比赛。既提高了学生的观察能力和写作能力，又教会了学生学会做人。

二教学生严谨有序地生活。如关注学生整理衣物、摆放洗具、铺床、叠被、打扫卫生、教会学生淘米、洗碗……在与学生朝夕相处的点点滴滴中，教会学生有条理地生活，培养学生形成严谨、自立、拼搏、向上的良好习惯。并用这些习惯潜移默化地规范作业和学习，提高教育教学质量。

总之，在农村小镇十几年平平凡凡的初中语文教育教学工作中，值得去写、去感悟的东西很多，我总结几点出来抛砖引玉，希望和同仁们学到更多的方法和教育智慧。我想只要我们都做一个在教学上的有心人，就能共同提高农村地区的语文教育教学质量。

农村初中语文整合阅读教学方法

　　《语文课程标准》指出："语文教师应高度重视课程资源的开发与利用，创造性地开展各类活动，增强学生在各种场合学语文、用语文的意识，多方面的提高学生的语文能力。"为突出语文教学的整体性、科学性，把课内外语文知识有机结合起来，拓宽学生学习语文和运用语文的领域，使学生在不同内容和方法的相互交叉、渗透和整合中开阔视野，提高学生"听、说、读、写"的语文实践能力及综合素质，有效提高教育教学质量，本文从多年的农村初中语文教学中，提炼出初中语文阅读教学整合方法如下：

一、按照名家名篇文章整合阅读

　　20 世纪 80 年代河北有一位张孝纯老师提出了"大语文教育"的概念，就是语文课堂要从语文课本中走出来，走向广度的阅读。同样，为了让好学生拓展阅读范围，抓住核心、清晰理解归纳所学课文，可以让学生按照名家名篇归纳整合的方法阅读，然后跳出课本，分析比较每一篇文章，从主题、选材、语言风格等进行比较归纳分析。这样的整合学习更有利于学生知识学习的系统化，学习内容的相互补充，也更有利于学生对知识的理解和记忆。

二、同单元主题式整合阅读

　　这种整合阅读方式是以单元主题为中心，秉持"以篇为范例，授之以渔"的原则，实施"以点带面"、整体推进式的单元整合教学，通过对不同文体、同一主题文章的学习，归纳出一般学习方法的教学模式。

　　如人教版七年级下册第二单元由诗歌《黄河颂》、小说《最后一课》、散文《艰难的国运与雄健的国民》《土地的誓言》和乐府诗《木兰诗》组成，这个单位的五篇课文，都是以爱国为主题的文章。虽然文章主题一样，但作者的经历、写作风格不一样，写作年代、作者国籍都各不相同，表达方式、语言风格也不同，却能够同样表达对祖国的热爱和忠诚。

　　又如七年级下册第五单元由传记《伟大的悲剧》、小说《在沙漠中心》、通讯《登上地球之巅》、演讲词《真正的英雄》、文言文《短文两篇》等五篇文章组成，五篇体裁各异的文章都表达了探险路上的英雄情感，让学生在单元整合阅读中明白，同一个主题的文章，可以采取不同的体裁、不同的内容、不同的语言风格去表达，鼓励学生在汲取不同体裁表达同一主题的写作方法后，与作者比赛模仿或创作一篇表达赞美英雄的文章，学以致用。

采取同单元式主题整合阅读方法，可以强化重点课文的知识掌握，也可以根据需要灵活地增加课时。这样的安排，更有利于学生将课内阅读与课外阅读有机结合，拓宽学生阅读知识面，加深阅读理解。而对于不太重要的单元，则可以大幅度减少所用课时，节余的时间再进行课外的经典文化的阅读拓展训练，汲取中华传统教育之精髓，开发人性，使人性尽情地展露，使人成为一个人。达到"唯天下至诚，为能尽其性；能尽其性，则能尽人之性；能尽人之性，则能尽物之性；能尽物之性，则可以赞天地之化育；可以赞天地之化育，则可以与天地参矣"的古人教育训诫。

三、跨单元同类文章整合阅读

跨单元同类文章整合阅读，就是以某一篇课文为基础，整合不同单元的同类文章。这类文章可以是题材相同，也可以是主题相同，也可以是描写对象相同。如七年级下册第一单元的课文《伤仲永》可以和第三单元的《孙权劝学》一文进行整合阅读比较，《伤仲永》一文的主人公仲永天资过人，但因"受于人者不至"，"不使学"最终"泯然众人"。《孙权劝学》一文中的吕蒙在孙权的劝说下"乃始就学"，后来才略有了惊人的长进，"士别三日、当刮目相看"。两篇文章主人公的变化截然相反，却可以让学生明白成才的重要性是后天学习的道理；《三峡》和《与朱元思书》同是描写自然风光的美文，在相同的美景中却流露出作者不同的个人情感；《三峡》描写了三峡雄奇险拔、清幽秀丽的景色，表达了作者对祖国大好河山的热爱；《与朱元思书》则写出了一幅天朗山青、秋高气爽的清秋风物图，更传达作者对功名利禄的鄙夷，对官场政务的厌倦，反映了作者高洁的志趣，高雅的情怀。这样的整合本身就是一种类聚，一种求同思维，一个抽象概括的过程。

四、按体裁分类整合阅读

阅读是收集处理认识世界、发散思维、获得审美体验的重要途径，阅读教学的重点是培养学生具有感受、理解、欣赏、评价的能力，整合教学阅读更有利于学生的系统学习。为了让学生掌握运用文章体裁的相关知识，学得更灵活深入，可以按照说明文、议论文、小说、诗歌、记叙文的分类整合进行阅读教学，提高学生阅读能力。

一般来说，不同文体的教学内容的重点，是有基本规律的。比如抒情散文的阅读，重在把握作者抒发的感情，欣赏学习作者表达感情的具体方法，品味积累优美的语言；说理类文章的阅读，重在把握文章的主要观点和思想，分析文章说理的内在逻辑和论证结构，欣赏、学习文章成功说理的具体方法，品味文章富有说服力的语言。而同一种文体，不同的具体类型，又有不同的重点。如同是散文，写景散文，要把握文章所写之景的特点，作者写出这些特点的手段，在特定的景中表达的特定的思想感情，与特定思想感情相协调的语言；叙事散文，则要捕捉作者在故事的叙述中所蕴含的情感，欣赏学习文章叙述故事的方法和手段，学习文章叙事语言的技巧，因此，可以将散文《春》与《背影》整合阅读，可以将《赵州桥》与《看云识天气》《大自然的语言》《苏州园林》等整合阅读，也可以将《在山的那一边》《走一步，再走一步》与《生命生命》《紫藤萝瀑布》《行道树》等整合阅读。这样用大量不同的阅读方式进行对学生语言积累，在阅读中提高学生思维能力以及说理语言的逻辑能力。

五、写作、口语交际、综合性学习有效整合阅读

语文书上的阅读课文，大多出自名家之手，可以称得上篇篇是美文。我们大多教师也把它们当作教学的重中之重，精讲细品。然而不少教师认为阅读课上完了，自己的教学任务也就完成了，而对于每个单元后的作文，很多时候都采用教师讲一下，学生练一下，老师批一下的模式，造成大多数学生写得差不多，不少学生的初中作文比小学作文没多么大进步。长此以往，作文教学越来越不被重视。其实，每个单元后的作文与课文有着密切的关联，如能把作文教学融入阅读教学中去，就会起到意想不到的效果。在日常教学中，我们会发现不少文章具有相似之处，有的是选材，有的是立意，有的是情感，有的是场景等。这时，如果我们能把这些文章进行归类整合，让学生用心地去欣赏品味，然后去具体仿写一段，往往会对学生写作水平的提高起到事半功倍的效果。

同理，各类课文教学的单线进行，阅读、写作、口语交际、综合性学习教学互为孤立，是造成学生口语交际能力不足的主要原因。根据新课程理念，要清楚认识阅读与口语交际的内在联系，将阅读与口语交际整合教学，强调在情境中进行说话、对话练习，与阅读教学整合同步进行，就会促进学生思维和口语、书面语的发展，实现学生语文素养的整体提高。

六、课内课外阅读整合

苏霍姆林斯基说："30年的经验使我深信，学生的智力发展水平，取决于良好的阅读。"中学生的阅读主要包括课内阅读和课外阅读。课内阅读即语文阅读教学，它是培养学生能力的主要途径，但只注重课堂阅读是远远不够的。学生语文知识的积累，语文能力的提高，更多的来源于丰富的课外阅读。课外阅读既能让学生借助丰富的人类文化来充实头脑，开阔视野，陶冶他们的情操，既可以有

效提高学生整体的语文素养，又可以为学生的终身学习奠定坚实的基础。因此唯有按新课标的要求，针对各册教材，把每个单元的课内阅读与课外阅读结合起来，才能使学生的阅读水平提高。课内与课外阅读有机整合的方法可以归纳为：分析研究、随手记笔记、熟读成诵、日读一小时、查阅书籍资料、良好的用眼、及时复习反思，发现疑点和疏漏，以达到理解并融会贯通。学习一个作家的作品拓展到其作家的其他作品，进而拓展到同时代的或相同风格的作家的作品等，真正做到课内阅读向课外阅读延伸，达到整合阅读拓展的目的。

七、阅读与多媒体教学的有效整合

随着脱贫攻坚推进，随着重视"两不愁、三保障"的目标实现，也实现了阅读与多媒体教学的有效整合。

现在大多数农村中小学校都已经实现多媒体"班班通"的教学，教师们在课堂上运用多媒体技术辅助语文阅读教学，更创设了丰富多彩的课堂情景，开阔学生的视野，使抽象的难以理解的知识具体化、实物化，变成直观、生动活泼的视觉信息，并配上文字与声音，图、文、声、画并茂，全方位调动学生的视觉、听觉、触觉，使学生的认知渠道多元化；使课堂教学生动、形象、直观、感染力强，对于中学语文教学的改革具有积极的推动作用。利用多媒体技术可以使学生大大增加听和看的机会；用文字、图像、声音的巧妙结合，可以大大增加课堂信息量，实现课内外的沟通，全面提高课堂教学效率，提高学生的整体素质。如一个学生在观看多媒体教学的春景图片与阅读《春》所感悟到的景色后写道：书斋里的生活并不让人厌倦，但美好的春光岂能荒废？我们一起走进自然，感受自然的芬芳。特别是一场柔雨过后，青草更青，银杏树下，火红的花正热烈地开放。温暖的阳光泼洒，布谷鸟在枝头欢快地歌唱。"春日迟迟，卉木萋萋。仓庚喈喈，采蘩祁祁。"眼前一切是那样的活泼，那样的令人神往。

总之，语文教材是厚重的，语文教学资源也是丰富的，人间处处有语文，阅读是教学之母，阅读乃教育之本，阅读能力是学习各门学科的基础能力，也是一个终身发展的前提条件。因此在语文教学实践的过程中，要重阅读、重阅读的整合教学，让学生读好书、善读书，成就美好人生。

农村语文综合实践活动融入
民族文化教学的一些思考

国学博大精深，它不仅是中华悠久传统文化的明证，也是每个中国人的处世之本。文化是民族的标志，文化是民族的灵魂，文化创造了希望，文化创造了发展，文化使人民团结一致。

我们所生活的黔东南苗族侗族自治州，被誉为"人类疲惫心灵栖息的家园"。来到黔东南，你就走入了民族文化的大观园。来到黔东南，你是在洗心清肺，你是在聆听天籁之音，你是在荡涤心灵……

随着人类社会的发展，物质基础的不断提高，生活环境的不断改善，保护民族文化的意识也随着生活的富足不断加强。而教育是实现文化传承的内在动力。让学生在语文学习的过程中大力宣传和弘扬民族文化，增强学生的民族自豪感和乡土情怀，担当起弘扬中华民族历史文化的重任有很重要的意义。

在农村初中语文课堂中实施民族文化教育，关键在语文综合实践活动中进行。那么如何把民族文化融入农村初中语文综合实践活动中去呢？

一、对农村语文教材综合实践活动教学的分析

人教版初中语文教材共设置了36次"语文综合性学习"，呈现出如下特点：

一是阅读教学密切照应，又相对独立、自成体系。本地农村所用的语文人教版教材是以人文主题为线，串起听、说、读、写基本知识和能力的一颗颗珍珠，能激发起学生的学习兴趣，也便于教师集中教学，简化了教和学的头绪。所以，教材中绝大多数单元的阅读课文与综合性学习在内容上互相联系，密切照应，这样，语文综合性学习成了该单元的有机组成部分。比如，七年级上册第三单元以人与自然组织课文，有描写四季景物的《春》《济南的冬天》《秋天》，该单元的综合性学习就以"感受自然"为主题展开综合性活动，目的是在阅读教学的基础上，继续对学生进行"亲近自然、善待自然"的情感态度、价值观的熏陶。可见，综合性学习不但在内容上与阅读部分有着紧密的联系，而且它还是阅读课文对学生情感态度价值观教育的延伸和拓展。实现了与阅读教学的有机融合，更有利于学生从阅读教学中获得的认知方法和价值判断落实到现实生活中去。

二是人教版每册书每个单元有一次综合性学习。其中三个单元的综合性学习

的形式相对统一，即把写作、口语交际整合于综合性学习中，在规模小、层次少的活动中培养学生语文的综合素质，尤其是以培养学生的口语交际能力和写作能力为主。比如"我爱我家"就提供了三个可供选择的小活动："老照片的故事"以一张或一组家庭照片为引子，与家人进行交流，了解家人的生活经历，在此基础上写一篇作文；"一件家庭物品"也是通过交流、询问，了解家庭故事，并把它写成作文；"妈妈的唠叨"则是模拟了一种生活情景，有两位同学进行模拟电话交流，再以书信的形式写一篇作文。显然，这三个语文综合实践活动在形式和目的上是一致的，口语交际和写作的层次也是很清楚的。又比如，在九年级上册的新诗单元后安排了"雨的诉说"，以"听听我的足音""说说我的功过""读读我的韵味"为三个基本层次，贯穿了听说读写的要求和活动，让学生在比较简洁的活动中达成基本的阅读、写作和口语交际的目标。

三是同一册书中的另外三个综合性学习的形式不同。它们主要是以培养学生自主、合作、探究的学习习惯为主要目标，在为学生提供一个母课题的前提下，又设计了若干层次的子课题，倡导学生发挥自主精神，自行设计、自行组织、自行探究，在活动中培养学生发现问题、分析问题、解决问题的能力，以及培养学生搜索、筛选、整理资料的能力，更强调它的探究性、自主性和实践性。比如：七年级上册第四单元，在"探索月球奥秘"这一课题下，又按层次递进地分成了几个子课题：月球奥秘知多少（搜集资料，汇报成果）；观察月球的运行，参观天文台（观察、参观）；丰富多彩的月球文化（搜集资料，讨论）；我是月球小专家（知识擂台赛）；月亮照着你，月亮照着我（写作）。学生在逐个进行上述活动时，在激发兴趣吸引下自行查找资料，自行设计汇报成果的形势、自行安排观察时间和方式，自行组织擂台赛和讨论……这种在活动过程中对学生进行综合素质的培养，而口语交际和写作的要求，语文课程与其他课程的沟通、书本知识与实践活动的联系已经被巧妙地融入其中了。

二、将语文综合实践活动与本地民族文化结合的意义

《语文新课程标准》明确指出："语文是实践性很强的课程，语文课程应植根于现实，面向未来。应拓宽语文学习和应用的领域。"使学生"初步获得现代化社会所需要的语文实践能力"。这句话告诉我们，要学好语文就要重视实践的功能，而实践，就是带领学生投入社会生活当中去，走进自然，感受乡土文化的魅力，在生活中寻找语文的素材。

而黔东南苗族侗族自治州，被誉为"人类疲惫心灵栖息的家园"，优美的自然风光，良好的生态环境，培育、造就了特色鲜明的少数民族传统文化，如音乐舞蹈、建筑形式、节日庆典、传统工艺、婚丧嫁娶等，形成一幅景象壮美又独特的风情画卷。苗侗民歌、传统器乐、锦鸡舞、水鼓舞、芦笙舞等享有盛名，特别是民族服饰和侗锦，其手工纺、织、染、绣等技法享誉中外，"侗族大歌"被列为联合国非物质文化遗产名录，成为全世界急需保护的十二项人类非物质文化遗产之一。很多苗侗民族文化遗产都以其鲜明的特色和丰富的内涵而被人们赞誉。

将黔东南民族文化与语文综合性学习结合起来，旨在增强语文课堂的活力和开放性，提高学生学习的积极性；创设语文实践的环境，给学生提供实践机会，使他们在身边的学习活动中切实提高语文素养和综合实践活动的能力；开阔视野，培养学生的综合素养；同时传承黔东南地方文化，培养学生热爱家乡的情感。

三、民族文化与语文综合实践结合的思考

文化是一个国家、一个民族的灵魂；文化兴，则国运兴，文化强，则民族强；没有高度的文化自信，没有文化的繁荣兴盛，就没有中华民族伟大复兴。而文化的兴盛要靠一代代青年学子的继承与发扬，这就需要教师的教育与引导。

（一）要求教师具有诗心慧眼

在新课程中，教师已不仅仅是教材的传授者，更是新课程的开发者、建设者，这就需要教师具有"诗心""慧眼"，具有"触手成春""点石成金"的本领。我们可以从《感受自然》的一草一木中，让学生去寻找那份黔东南与众不同的自然情怀；也可以从《民间采风》中通过"黔东南一日游"欣赏黔东南独具民族特色的建筑形式、节日庆典、传统工艺、婚丧嫁娶等；还可以从《漫游语文世界》中，从一地方俗语入手，追根溯源；从民居对联中直指地域文化……体现语文综合性学习潜在性与生成性，引导学生观察生活与社会，是一份沉甸甸的责任。总之，语文综合性学习聚焦社会、生活、文学、文化，教师都需具有教学的智慧和开发课程的才情，体现活动内容的综合，追求语文知识和生活知识的整合，跨学科知识的有机联系，语文知识在综合实践中延伸、综合、重组与提升，教师都需诗心慧眼。如讲到"家乡的节日"这个综合性学习主题，就可以融合黔东南州的民族节庆文化来讲，如摆仰芦笙节、翻鼓节、四月八畲族节庆、仫佬年节、瑶族过冬节、侗族大歌节等，让学生明白民族节庆，是一种社会文化现象，反映着民族的共同心理素质和外貌特征；是集文化、民族风俗、民族舞蹈、民间工艺、民间贸易等于一堂的"天然大舞台"；是生产、生活、饮食、服饰、家庭婚姻、宗教信仰等物质文化和精神文化的综合表现

（二）要求教师具有广博的专业知识

语文综合性学习体现"五大"特点：大容量、大民主、大综合、大互动、大规模。在实施过程中，既体现各学科的交叉渗透，又体现教师学生的思维见解的高端碰撞互动，因此，没有一点过人的本领，没有广博的专业知识和相关学科的

知识背景是难以胜任这样的课程教学的。它要求我们教师必须"博"而"专"，博，博览群书，通读黔东南的文学、历史、美术、心理学，终身学习，锲而不舍。"专"，要有自己的研究方向与专长：可以是"唐诗宋词"，可以是明清小说；可以是古典文化，可以是悬疑作品；可以是莎士比亚，也可以是塞万提斯。只有这样，在初中综合性学习的实施中才能游刃有余。无论是诸子百家的争鸣，还是黔东南民族文化的鉴赏，都能体现教师深厚的学养功夫，没有一份积累是万万不行的。

（三）要求教师具有极强的组织调控能力

语文综合性学习要求把课堂还给学生，学生自主合作、探究、发现、分析、解决问题，学生走访调查、尝试、研究、讨论，但并不等于教师在课堂上"无为"。否则，语文综合性学习只能流于形式，看似热闹，尽是"花哨"，毫无意义。教师的指导调控作用应是：为学生创设学习情境，做学生自主活动的"领路人"；有效推动活动过程的进展，做学生实践活动的"指路人"；善于组织学生开展合作学习，做学生集体活动的"带路人"。

（四）要求教师以语文为宗旨

无论是语文综合性学习，还是把黔东南少数民族文化融入语文的综合性学习，顾名思义，它是从属于语文学科的。至于它和哪一学科综合或延伸拓展到哪个领域，最终还应是"语文"一线在手。无论采用哪些方式，利用哪些手段，其落脚点都在"致力于语文素养的形成与发展"，是带有综合性质的语文学习，一切均以从语文学科目标、特点性质为出发点，虽百转千回，但凝结不变的仍是语言的魅力和文学的魅力。

习近平总书记说："传统文化里蕴含着仁义、和合、均等、和平的思想；承载着大道之行也，天下为公的社会理想，传承着天下兴亡，匹夫有责的爱国理念，传承着正心诚意，修齐治平的心性修养。"而黔东南少数民族文化是黔东南学生语文学习之根，让我们在农村语文教学中将本土民族文化与传统文化有机地融合到语文教学之中，让教育之花开得更加灿烂辉煌。

农村寄宿制学生演讲能力培养的作用及方法

农村初中寄宿制学生由于所处的环境、空间、时间有限，能够接触到的知识信息量很少，每每到写作文，多数学生都会满脸无奈，垂头丧气，不知写什么，从何写起，这是因为寄宿制学生缺乏听、说、读、写的能力。为了提升学生作文水平和语文综合素养，我认为可以在语文教学中融入演讲能力的培养，让学生在演讲能力培养中锻炼听、说、读、写能力的综合能力。

一、培养学生演讲能力的意义

在语文教学中适时组织演讲比赛，培养学生的演讲能力，作用很多，意义很大。

一是能促进学生听说读写能力的训练，全面提高语文综合能力。

二是丰富学生的文化生活，促进德智体美劳均衡发展，演讲活动可以给他们的生活注入一些色彩、一丝轻松，更重要的是学生可以暂时离开考试科目，去放眼博览群书。

三是演讲素质的培养能锻炼学生口才，为社会培养能说会道的人才，演讲在人类社会生活中是不可或缺的，如果一个学生读不顺畅，说不清楚，写不通顺，听不明白，那他毕业后就并不能很好地适应经济建设和社会发展的需要，至少在宣传、公关、法庭辩论、企业管理、竞选、商业谈判等方面不会取得成功。而演讲出色的人在这些方面可能会如鱼得水，游刃有余，干出一番事业来。

演讲活动不仅有利于个人的修养和才能的提高，更主要的是它对整个社会的进步起着不可估量的作用。

演讲家卡耐基认为："一个人的成功百分之十五取决于自身的知识和技术，百分之八十五取决于发表自己的意见的能力和激发他人热情的能力。"因此，培养学生的演讲能力，能提升学生听说读写的语文学习能力。

二、培养学生的说话能力

演讲不同于平时的说话，不能很随意，不能想说什么就说什么，说到哪就是哪。演讲要有主题思想，要面对听众、充满感情。它要求演讲者在短时间内把演讲的中心、要点组织起来，因此它比平时的说话更难，也就更能检验出一个人的说话水平。

演讲的语言要生动形象，要多用短句，要口语化、通俗化，让听众听明白，听清楚，受感动；也要积极运用比喻、排比、设问、反问、反复等修辞手法；还要讲究抑扬顿挫的节奏感和朗朗上口的韵律美。在演讲过程中，短句激烈，富有战斗性；排比句排山倒海，势不可挡；感叹句激情洋溢，令人振奋；问句咄咄逼人，雄辩有力。

演讲的语言除了要生动形象，还得要贴近生活实际，才能够触动人心。因此，在农村初中寄宿制学校经常开展演讲活动，提高学生的演讲能力，就能很有效地提升学生的说话能力。特别是面对大多数农村学生，有很多在众人面前或是生人面前，说话畏畏缩缩、木木讷讷、期期艾艾的现象，怎样解决呢？通过演讲活动的经常开展来解决，如每天语文课上有顺序地开展"五分钟演讲活动"，内容可以是讲电视或学校广播里听到的新闻，可以是在街头巷尾、家乡小道看到听到的新鲜事、也可以是班上学习的逸闻趣事等等，演讲的形式可以是"刻画一个肖像""介绍一场经历""讲述一则新闻"等等，在培养学生讲述的过程中，不断纠正指导，要求学生克服语无伦次、无头无尾、任意粘连、啰唆重复等弊病，要求学生声音洪亮、口齿流利、逻辑清晰，把话说顺、说准、说清楚，这样日常月久、积沙成塔、积水成渊，在每天的演讲活动训练中培养农村学生"愿说—会说—敢说—善说"的能力。

三、演讲能激发学生的阅读兴趣

教学中，作文和阅读犹如学习语文的一双翅膀。面对演讲的具体要求，农村寄宿制初中学生会感到束手无策，因为他们缺少足够的信息和资料，难以独立完成一篇质量较高的演讲稿。

学生为了写好演讲稿要在老师的指导下去阅读大量课外书籍，查阅工具书，从中积累知识、储备材料、借鉴技法。为了写好一篇演讲稿，学生可以阅读五倍十倍甚至百倍于课本的书，不但要阅读经典名著，而且要阅读同时代的更贴近现实生活、非经典的书，甚至阅读略显肤浅或略有瑕疵的书。正所谓"读书破万卷，下笔如有神"。

但是学生的课程安排得紧紧的，课外阅读时间有限，怎样准确而迅速地完成对信息、材料的摄取、筛选、重组和创新呢？我们教师要善于针对具体情况指导学生选择和运用相应的阅读方法。

一般来说，经典名著、重要的篇章段落要精读、细读；对于报纸杂志，要带着明确的目的略读或者扫视，取已所需，略去其余，高效获取有用材料；查阅工具书则可以速读。

学生在广泛深入地阅读之后，将所阅读的信息资料结合主题进行凝练组合，加上写演讲稿的方法，这样演讲稿能轻松完成。待学生完成了演讲稿，知识更加丰富，眼界也更加开阔了，形象思维、逻辑思维、审美修养提高了，也就达到了提升学生语文综合素质的目的。

如今的学生都有强烈的表现欲，学校适当组织演讲比赛，可以满足他们这一要求。演讲不仅激发了学生阅读的积极性，而且培养了学生阅读的习惯和阅读的能力。

四、演讲能促进学生的听力训练

实际教学中我们会发现初学演讲的学生写好了演讲稿，却不知怎样演讲，这就促使他去听别人的演讲，去模仿别人的演讲，去学会怎样演讲。他们自己会主动从广播、电影、电视、录音机等媒体中学习怎么"讲"，怎么"演"，有时甚至刻意模仿一些播音员、演说家和主持人的表情和腔调，去读准每一个字，读顺每一句话，领会其中某一个手势或眼神的含义。更多的时候，是一遍又一遍地听老师示范演讲。

听是讲的基础，听话活动所积累的语感和涉及的种种语法系统的规则，会给演讲者以很大的启示。离开了听，演讲就会失去丰富的信息源，就会缺少生动活泼的口语色彩，特别是初次登台演讲的学生，就像背书一样寡然无味，根本没有演讲的味。相反，演讲成功的学生总是善于去听，去模仿，去吸收。

如班上学生熊烨同学用声情并茂的演讲取得了第一名的好成绩，在他谈到演讲成功的经验时说："每次演讲我都取得了不错的成绩，是因为我能以情动人，我知道动情处一定要掉眼泪，这样能打动评委和听众。"

上述例子充分证明演讲能促进学生去听，促进了听力的训练。在听的过程中，首先提高了学生的辨音能力，寄宿制初中大部分学生普通话不标准，方音严重。教师可以下载许多著名的演讲视频给学生欣赏，久而久之，学生对语音的感知、辨析能力强多了，对音素、音节、音调之间的细微差异也能分辨一些，普通话水平大大提高了。其次是提高学生的鉴赏力，学生在听老师、节目主持人、演讲家的讲话时，要进行体验和品味。这是一种审美欣赏过程，无形中就提高了知识水平、艺术修养、生活经验和语言能力。

五、演讲能提高学生作文的能力和水平

成功的演讲者除了具备很好的口才，手中不可或缺的就是一份好的讲稿，没有精彩的讲稿，演讲肯定是不会成功的。

如果把撰写演讲稿和登台演讲分开来说的话，那么撰写演讲稿和作文没有什么两样，都是运用书面语言准确地表达思想，只不过演讲稿会让更多的口语入文。两者都是一种综合能力的培养，不同的是写作是有感而发，由材料事实提炼

出主题或中心思想，大到莽原旷野、松涛海啸，小到虫声叽叽、落英点点都可入文，而且可以写得很美；写演讲稿则更有目的和针对性，往往主题先行，常与世界大事、国家大事、社会发展、民族兴衰、时代脉搏、社会现实等息息相关。学生只有关注现实生活，关注时事变化，才会写出具有时代气息的演讲稿。

撰写演讲稿跟写作文一样，都需要审题。演讲是在公开场合，面对听众发表意见阐明事理的一种说话形式，需要达到一定的宣传目的，要尽力使听众明白，因此内容针对性要强，观点要鲜明，主张什么，反对什么应当毫不含糊。也就是作文课上我们常说的中心思想要集中、明确。

总之，撰写演讲稿比写作文要求更高。教学中常常发现，作文写得很棒的同学上台演讲不一定成功，演讲稿写得好的同学作文一般都能得到高分。所以撰写演讲稿是提高学生写作能力的有效途径。

六、培养学生演讲能力的方法

一是每天上课前，学生按主题按学号顺序上台演讲5分钟，长期形成习惯。

二是教会学生演讲的方法。如演讲之前要做足关于演讲内容的准备，充分地研究演讲内容的各个方面，做十分讲一分，所讲内容才有深度；演讲稿的脉络层次要清晰，让演讲者能刚好记住整个框架；演讲内容要通俗易懂，符合听众群体的文化水平和生活理念；演讲内容要健康向上，向听众传播正能量，一味负面的暗示会变成不良的煽动；演讲稿中要有精确的实验数据，或者几个举例论证，这会是演讲内容更有说服力；演讲稿尽量轻快幽默，太沉重的话题会让会场氛围变得极其沉，欢乐的氛围中接受你的东西，效果才好等等。

三是就以语文教材内容让学生分组比赛进行演讲，常用此方法帮助理解课文内容，从而提高教学质量。

四是经常开展有感情、流利的朗读诗文比赛，因为朗读是演讲和口语表达的基础，从朗读诗文比赛中规范学生的语言、感情等表达能力。

五是注重学生演讲的姿态、衣着、语态、声调等的训练。

综上所述，农村寄宿制初中语文教师在教学过程中适时组织开展演讲课教学，培养学生的演讲能力，能够有效提升学生学习语文的积极性和主动性，同时也能培养学生良好的阅读习惯，提高学生的阅读理解能力。改变学生对作文的畏难情绪，变之前的怕说、不想说、不敢说为想说、敢说、主动说。敢于表现自我，乐于写作文，进而促进学生听、说、读、写的语文能力的提高。

第四编
学而不思则罔
——农村基础教育课堂教学设计实践案例

　　质量是学校的生命线，课堂是质量的生命线，教学质量是一所学校得以延续和发展的生命线。同样地，农村基础教育质量的提升也取决于课堂。好的老师注重提高课堂效率，重在课堂教学的设计，课堂教学设计效果好，学生学习质量高，学校的教学质量也才会好。

　　学而不思则罔，课堂教学设计一定要着眼于学生的"思"，有意识、有计划地采用多种方法激起学生的思维波澜，促进学生开动脑筋，使思维处于积极状态。这就要求在课前对教材、对学生特点认真研究，对教学方法、教学步骤作精心设计，对教重难点巧作安排，在农村基础教育中，怎样结合实际调动学生的思维能力呢？此编撰写的几篇课堂教学设计希望给大家以启示。

《岁月如歌》教学设计

一、教学课题

九年义务教育人教版九年级下册第六单元综合性学习《岁月如歌》。

二、课堂类型

活动课。

三、活动目标

通过对三年来有关学习、生活等各种资料的搜集和整理，让学生重温初中生活的欢乐与美好，培养学生热爱生活的情感。

创设一个让学生展示才艺的空间，让学生的语文知识和语文能力得到综合运用和表现。

营造一个情意融融、心灵相通的环境氛围，提供给学生自主合作、积极参与活动的机会，使其体验到合作与成功的喜悦。

激发学生美好的情感，树立远大的理想并让理想成为学习的动力。

四、教学活动准备

成立活动小组，有效合理地分组。

策划组：负责对本次综合性学习的策划、组织和调度，管理和督促其他各小组的工作开展。

班史编写组：主编一名；编委五名，负责资料的整理、有关图片的搜集和处理、撰写班级英才小传、版面设计等内容。要求有工作的热情和较好的文笔。

节目组：由全班同学根据活动内容和自己的志趣、爱好，自由准备活动节目。节目要求主题突出、形式多样、有感染力、有创造力。要求每位学生都报名参与。

由班上推选出男女两位节目主持人，自己准备好开场白，并根据活动程序写好台词。

每位同学设计好毕业赠言用的贺卡和书签。

准备《恰同学少年》《二十年后再相会》等伴奏音乐。

五、教学重难点

培养学生学习语文和运用语文的能力，体会生活处处有语文的乐趣。

培养学生团结合作、勇于创新的精神，通过编辑赠言、表演节目等手段，培养学生自主学习、敢于展示自己、语言表达等综合能力。

六、教学理念

语文综合实践活动是为了培养学生自主、合作、创新的实践能力，注重跨科学的知识整合，开阔学生视野，提高学生文化修养和文学品位，让学生热爱生活，懂得感恩，树立理想。在活动中连通课内外知识，充分利用学习资源。以此发挥学生的天性，为学生创设展示自我的舞台，让学生充分感受到学习的快乐。

七、课堂活动过程

（一）导入

同学们，光阴荏苒，岁月如梭，相处三年的同学和老师就要分别了，回首逝去的一千多个日日夜夜，有多少美好的回忆萦绕在我们的心头。我们忘不了校园里的欢声笑语，忘不了那琅琅读书声，忘不了运动会场上一个个矫健的身影，更忘不了老师那亲切的目光。老师的目光里，一半是父亲的威严，一半是母亲的慈祥，老师的目光里融合了多少父母的厚爱啊，深深地映在我们心上。在即将离别的日子里，我们别情依依……

同学们，让我们再去多走走校园的小路，再看看老师的白发，再摸一摸老师的座椅，心中回荡着无限甜蜜，而腮边却挂满了滚烫的泪滴。同学们，在即将离别的时候，让我们共同回忆初中三年来的美好时光，共同走进如歌的月岁中。

（掌声感谢听课老师们的到来）

节目主持人发言：

杨仁森：青春像一只风铃，系在我们的心坎上，只有不停地奔跑，它才会发出悦耳的声响。

李海燕：昨天，我们相逢在陌生时，今天，我们分别在熟悉后，明天，我们将奔跑在彼此的祝愿中。

杨仁森：回首逝去的日子，不知校园里留下多少欢乐、多少趣事，多少美好的回忆。

合：三年，在人生的长河里，虽然是短短的一瞬，但在我们的记忆里，能绵延长长的一生，时光带不走校园的欢笑，距离冲不淡少年的回忆，今天，在我们即将展翅腾飞的日子里，让我们一起打开记忆的闸门，唱上班歌，一起走进岁月如歌的活动中去。

唱班歌：

播放《恰同学少年》伴奏音乐，全班齐唱班歌：

天穹高高鸿雁飞，书院深深松竹茂。晓雾重重盼日出，大地茫茫风雨骤。咏长夜，攀北斗。蝶恋花，梦难求。书翻千秋史，谈尽古今愁。美哉潇湘伟少年踏浪湘江竞风流。名与利，莫问候。书并剑，到心头。挥毫万山红，举臂托飞舟。美哉中华伟少年，他日神州竞风流。

（学生歌声激越，悠扬、在歌声中感受青春的美好，激发昂扬向上的精神。掌声，歌声融于一体。）

（二）岁月如歌，点点滴滴在心头

节目主持人发言：

杨仁森：聚散匆匆，花开花落总无穷，唯有师生之情在心中。

李海燕：是啊！三年时光，转瞬即逝，回首三年，大家一起有过鲜花，有过泪水，有快乐，有悲伤。在教室里，在操场上，在寝室里，留下我们多少轶闻趣事。请同学们互相交谈，互相讨论，互相回忆那一段段美好的往事。走进第一环节，岁月如歌，点点滴滴在心头。

学生激烈交流，讨论。老师加入交谈、指导。

学生畅谈趣事：

韦丽娅：最难忘的是在一运动会场上的奔跑场景，参赛的同学奔跑，我们也奔跑着、呼叫着，他们高兴，我们也高兴，他们激动着，我们也激动着……放下了平时的课业负担，真的很开心。

全丹：最高兴的事就是每次考试后，学校宣布我们班获得了全县第一名的好成绩，全班很兴奋，很快乐，很有成就感。

杨昌会：趣事很多，上课时，我们积极思考得到表扬，下课后与刘老师在一起跳绳的时候最开心。

蒙祖会：最开心的事就是和刘老师在一起吃饭，她到寝室来和我们一起开心地吃饭，我很开心，吃了很多。

何克敏：晚会上同学们尽情展示自己的才艺，如《白雪公主》的童话表演让我们难忘。

照片里的故事：

主持人：分别在即，三年来，我们留下许多美丽动人的故事，下面，让我们一起走进影集，走进我们的故事。

学生拿相片讲述班上三年来的照片故事。

（如：歌唱比赛时，运动会比赛时，班上开展各种活动时，获多种奖时照下的照片及心情、表情、心理等，回忆美好时光。）

各科代表总结发言：

主持人：今天我们是芬芳，明天是社会的栋梁，我们一路走来，收藏着点点滴滴的成功和喜悦。这些都是我们放飞梦想的动力和源泉，是我们成长的见证，请各科代表叙述三年来，我们成功的脚印，进行成功大串联。

各科代表总结发言：

语文科代表：三年来，我们班的语文成绩一直都是全县第一名，我们创建的班刊《青春纪念册》伴随着我们成长，我们坚持练习的书法作品让我们平和、刚强。读书活动让我们开阔视野，名言比赛让我们锻炼语文素养……

数学科代表：全班成绩总是名列全县前茅，以及在各年级数学竞赛的获奖名单和奋斗情况。

英语科代表：由刚进初一时初学 A、B、C、D 到会用英语写文章，以及获英语竞赛奖等。

历史科代表：历史是很神奇的科目，是时光倒流的旅行，老师就是穿越时光隧道的导游，让我们浏览了几千年的历史，上至三皇五帝，下至世界大战，让我知识了许多英雄人物，汉武帝、曹操、李世民……学了历史，让我们在看问题上更全面、视野更开阔，更有敏锐性，让我们以历史的眼光放眼世界，走向世界，面向未来。

体育科代表：生命在于运动，初中三年，我们天天坚持锻炼，在运动会赛场上有我们拼搏的英姿。三年运动会我们硕果累累，有常胜将军短跑第一名罗世权，跳高冠军全丹，1500 米长跑冠军李海燕，200 米冠军陈泽鑫，800 米冠军陈洁等。在毕业之际，让我们以强健的身体和拼搏的勇气迎接中考，挑战未来吧。

（三）毕业纪念册，班级风采录

主持人发言：

李海燕：班上同学自行设计个人成长记录，不仅是我们学习的驿站，也是我们豪言壮语的见证。

杨仁森：是啊！回顾是为了更多地鼓励与鞭策，在成果的背后，我们学会付出，学会快乐和成长，让我们一起进入成长的档案袋中去畅游一番。

杨建江介绍班级成长记录：

杨建江手拿班级成长纪念册《青春记忆》逐一介绍：这是我们班的班级成长记录，是青春记忆，记忆青春，都在这本书上发表同学们的豪言壮语，寄托同学们的梦想。

第一页的张建同学是英语科代表，对班上工作认真负责，组长王佳美同学，活泼开朗，爱好体育，是班上的一棵和气草，班上跳高冠军全丹，虽然性格内向，但也喜欢聊天、小制作……还有爱绘画的曾广芸，爱唱歌的韦丽娅，爱创作诗歌的扬帅……

这本成长纪念册的每一页都是同学们一篇篇精彩的自我描述,虽然这本书装订不怎样,但都装着我们的希望和梦想。等我们将来功成名就长大了,这本书将会载着许多感慨,成为我们的宝物,成为最纯最亮的美好回忆。

(四)才艺展示,放飞个性

主持人发言:

李海燕:我们班同学活动可爱,有幽默大王杨仁森,为班上增添了不少欢乐和智慧;有刻苦踏实的李光银同学,为班上同学树立了刻苦学习的榜样;有性格平和乐于助人的徐礼雯同学调和班上和谐的氛围;还有许多运动健将为班上争了许多光彩和荣誉……是啊!每个同学都有自己的特长,下边就让我们在"才艺展示,放飞个性"中尽情发挥吧!

杨仁森:南风轻轻吹送,时光总是匆匆,下边请陈家坤、蒙祖会等四位同学毕业诗朗领《离别情怀》。

学生才艺展示创作的诗朗诵:

南风轻轻吹送
时光总是匆匆

今天,我们在这里
在毕业的门槛上
在你的臂弯里
在你的庇荫下
每时每刻都散发着激励的芬芳

犹记得办公楼里灯火依稀
犹记得教学楼里欢声笑语
感谢你,老师
接纳我们青春的足迹
感谢你,老师
萌发我们智慧的启迪

是谁,把我们领进文明的圣殿
是谁,将文明前行的希望高高挂起
是谁,循循善诱,谆谆教诲
是谁,默默无闻,孜孜追求

是我们的老师，我们的领路人

你不是歌唱家
却让知识的泉水叮咚作响
你不是作家
却让人生的篇章韵味悠长
你不是雕刻家
却对我们的灵魂精雕细琢
你不是画家
却为我们描绘更绚丽的色彩
感谢您，我们的老师
我们将铭记你的教诲
我们将在蓝天中越飞越高

李海燕：朋友一生一起走，那些日子不再有，一句话，一辈子，一生情，一杯酒。朋友的眼神，朋友的话语，朋友的微笑，都会让我们回忆在一起的一串串美好时光。

陈泽鑫等同学表演吉他伴奏小合唱《朋友》。

杨仁森：回头看看熟悉的校园小路，晚风抚柳，夕阳山外山……

李亚岚，陈洁、李倩、张健等同学的竖笛合奏《送别》。

李海燕：天高任鸟飞，海阔凭鱼跃，我们在知识的海洋里遨游，在智慧的天空中翱翔，发挥我们的聪明才智，请杨仁森、罗世权表演自编自演的相声《校园往事》。

杨仁森，罗世权表演相声。

（两位同学表演自然、情感投入、大方，达到很高的水平，引起同学和老师们一次次笑声和思考。）

李海燕：我们由刚进初一时学习 ABCD 的发音，到现在能用英语说话、看英语小说、用英语写作，这些都得感谢我们的老师。现在请欣赏韦丽娅、张建用英语创作的诗歌进行诗歌朗诵。

韦丽娅、张健朗领自己创作的英语诗歌。

主持人杨仁森：三年来，我们在一起学习，一起讨论，一起欢笑，一起进步，是谁陪我们度过了一千多个日日夜夜，一个个春夏秋冬？是我们的刘老师，她用她的兴趣爱好和高雅情趣激励、启迪着我们，下面有请刘老师表演口琴独奏。

刘老师口琴独奏，把气氛推向高潮。

李海燕：今天的离别，明天的欢聚。明天的我们都在哪里？做什么呢？请伍安澜、吴涛、杨仁森、陈泽鑫、谢路路、戴星等同学表演自编自演的小品《二十年后的相会》。

《二十年后的相会》小品，模拟20年后相聚的场景：

杨仁森：20年后的今天，是三（8）班同学相会的日子，伍安澜同学先来到了学校，看到学校的一切变化，发出许多感慨。

伍安澜：现在学校变化太大了，教室明亮多了，校园全是现代化的设备，祖国的发展真快啊！哎！同学们怎么还没到呢？打个电话问一下。"喂，陈泽鑫吗？知道今天是什么日子吗？""啊！我们相聚的日子啊！我马上就到。"

在陈泽鑫同学的电话通知下，其他同学陆续到了学校。

同学相聚握手，热情寒暄的场面呈现出来，有些是首富，准备到学校投资，有些是微软公司经理，有的搞房地产开发，有的当医生，有的当老师，有的开饭馆……当吴涛问起班上杨仁森时，杨仁森已当上省长，在下属的陪同下匆匆赶来。开饭时，开饭馆的同学来招呼，同学七嘴八舌，最后决定吃家乡菜、吃酸汤菜……热闹寒暄后，各自谈谈将为学校、为家乡做什么。

谢路路：为学校盖一座体育馆。

赵国富：准备为学校增添电脑设备。

搞旅游的吴涛向同学介绍国内的名胜古迹。

然后大家约定，一起去看望所有的老师。

（学生演得很投入，很自然，很有激情。相信这一幕学生终生难忘。）

（五）胸怀世界，我们在这里起飞

李海燕：海阔任鱼跃，天高任鸟飞，让我们放飞理想，放眼世界，世界在我心中，我们在这里起飞。

欣赏有名的大学图片及简介，如北京大学、南京大学、南开大学、武汉大学、浙江大学、山东大学、四川大学、山西大学、北京航空航天大学、香港科技大学，贵州大学；及国外的哈佛大学，剑桥大学等，激发学生理想。学生在放眼世界，看了各大学图片后，构思理想，讨论与交流。

学生发言：

唐杰：考科香港科技大学，实现自己的科学家梦。

陈洁：想考上海复旦大学，那里有美丽的外滩，还有看过电视剧《上海滩》后，想去领略一下。

李艳：希望自己能走出贵州，走向世界。

何克敏：考上上海交大，当翻译家，游览世界，然后学绘画，办画展。

张建：想去与易中天对话，考上历史学院，直接与易中天一起品三国。

罗宝宏：我性格内向，但做事细心，我希望能考上好的高中后，考医学院，潜心研究医学，攻克一些疑难杂症。

蒙祖会：临近中考，抓紧学习，考上好的高中，然后自己有份好的工作，有经济条件游览祖国大好河山，然后写很多游记，记载祖国的山河之美。

韦丽娅：能考上翻译，到澳大利亚去，让我妈妈去领略澳大利亚风光，如果有钱，也带老师去。

（六）花的语录，重于金石珠玉

李海燕：我们有许多梦想，分别后各自会去实现。分别在即，我们有许多话想对老师说，有许多祝福想赠给同学。请同学们用自己设计的书签写上最诚挚的话语，赠给老师和同学。

学生进行赠言创作，互相欣赏贺卡、书签：

张健：你不是演员，却吸引我饥渴的目光。老师，我怎能把你忘？

曾广芸：下一站春光明媚，请骑上自己的千里马，从此挥鞭走，愿同学们都能实现心中的梦想。

扬金龙：在我伤心的时候，是您鼓励我继续向前走，在我成功的时候，是您告诫我不要骄傲，在我遗失方向时，是您帮我找到正确的航线……老师，忘不了您那谆谆的教导，忘不了您慈祥的目光！

全丹：天空的幸福是穿一身蓝，森林的幸福是穿一身绿，阳光的幸福是如钻石般耀眼，我的幸福是与大家一起生活。

陈家坤：您的思想、您的活泼，充满诗意，蕴含哲理，又显得那样神奇！您用火一般的热情温暖每一个同学的心房，无数的心被您牵引激荡。

陈泽鑫：理想只有经过冬的凝结，春的洗礼，夏的考验，秋的搏击，才会结出永恒的美丽！

赵龙秀：灿烂的理想，使我们年轻的心胸如宇宙般辽阔，让五色斑斓的星星在心中闪烁。

同学把自制的明信片送给在座的老师和同学。

（七）听课教师为同学赠言

周老师：看到你们聪明活泼，展示才艺，希望前程似锦，祝你们一路顺风。

黄老师：用英语进行一番鼓励和赞赏，看了你们的才艺，听了你们的理想，愿你们在美丽的天空中自由飞翔。

姚老师：很羡慕你们，你们朝气蓬勃。

倪老师：参加初三（8）班的活动课，我很有感触。明天，是个美丽灿烂的字眼，愿你们的明天，更美丽，更迷人。你们能幸福，也是我们老师的幸福。

（八）共唱《二十年后再相会》主题曲结束活动

主持人发言：

李海燕：在离别之际，我们别情依依，多想再走一回校园的小路，踏踏教室的楼梯，心中荡起甜蜜的回忆，在离别之际，我们有千言万语，想再看一眼老师的白发，再摸摸老师的座椅，腮边挂满滚烫的泪滴。

杨仁森：让我们胸怀世界，让我们满载理想飞向未来，让我们二十年后再相聚。

全体学生合唱《二十年后再相会》结束活动课：

> 来不及等待　来不及沉醉
> 噢　来不及沉醉
> 年轻的心迎着太阳
> 一同把那希望去追
> 我们和心愿　心愿再一次约会
> 让光阴见证　让岁月体会
> 我们是否无怨无悔
> 再过二十年我们来相会
> 那时的山　噢　那时的水
> 那时祖国一定很美
> 但愿到那时我们再相会
> 那时的春　噢　那时的秋
> 那时硕果令人心醉
> 来不及感慨　来不及回味
> 噢　来不及回味
> 多彩的梦满载理想
> 一同向着未来放飞
> 我们把蓝图　蓝图再一次描绘
> 让时代检阅　让时光评说
> 我们是否问心无愧
> 再过二十年我们来相会
> 那时的天　噢　那时的地
> 那时祖国一定更美
> 但愿到那时我们再相会
> 那时的你　噢　那时的我
> 那时成就令人欣慰

那时的你　噢　那时的我

那时我们再相会

那时的你　噢　那时的我

那时我们再相会

跨世纪的新一辈

那时我们再相会

（九）老师总结

长大后，我就成了你，才知道那教室放飞的是希望，守巢的总是你；长大后，我就成了你，才知道那支粉笔绘出的是彩虹，留下的是泪滴。三年来，我们学校的潘老师、吴老师为我们呕心沥血，用他们的知识、智慧和心血放飞我们一个个希望。希望你们能学有所成，德才兼备，在今后的各自生活轨道里，幸福快乐。

20年后，我们再相会，那时的山，那时的水，那时的祖国会更美；那时的你，那时的我，那时我们的成就会令人欣慰。同学们，在即将毕业的时候，让刘老师真诚地为你们祝福，祝你们中考成功！祝你们在未来的人生道路上一帆风顺！

（十）活动反思

在此次活动中，我注意指导学生筛选材料，挑选出既紧扣主题又具有新意的材料，将重点放在"活动准备"这一环节上。及时了解各个学习小组的进展，又要求每位学生都参加，并及时恰当地进行引导，做好统筹安排的工作。

我想，语文教学是一门艺术。一堂好课会让学生学到许多学习、运用语文知识的方法，我们的课堂应辐射出许多知识点，能联系学生实际，帮助学生架起通往那些闪烁着人类精神光芒的桥梁，让老师和学生一起去享受那些精神的盛宴。但同学们的能力要靠老师去培养、去发挥，要放手让他们真正做到自主型学习。让他们在说、唱、写、画、口述、朗诵等方面有条不紊地展现，台上、台下相互配合，激发学生积极、上进的智慧火花，在成长的道路上帮助他们刻下永不磨灭的印记。

《古诗苑漫步》教学设计

一、教学课题

九年义务教育八年级下册第五单元综合性学习《古诗苑漫步》。

二、课堂类型

活动课。

三、教学目标

激发学生学习优秀古诗词的兴趣，体会中华诗词文化的灿烂辉煌，提高学生文化的品味。

积累名言佳句，发展学生语言能力，培养学生写作和口语交际的能力。

四、教学活动准备

确立活动小组，分配好编辑古诗、朗诵古诗、绘画古诗、书写古诗等活动项目，要求以组为单位，每人都参与。

由班上推选出四位节目主持人，自己准备好开场白、台词等。

同学收集从小学到现在所学过背过的诗歌，读熟、背诵。

五、教学重难点

别出心裁品古诗，激发学生用多种艺术形式解读古诗、品味古诗。

培养学生团结合作、勇于创新的精神，通过编辑古诗、歌唱古诗等手段提高学生自主学习的能力。

六、教学理念

语文综合实践活动是为了培养学生自主、合作、创新的实践能力，注重跨科学的知识整合，开阔学生视野，提高学生文化修养和文学品味，让学生热爱生活，懂得感恩，树立理想。在活动中连通课内外知识，充分利用学习资源。以此发挥学生的天性，为学生创设展示自我的舞台，让学生充分感受到学习的快乐。

七、活动步骤

（一）开场白

同学们，今天我们的语文口语交际活动课是"在古诗的芬芳中徜徉"。同学们，我们中国是文明古国，中国的文化源远流长，博大精深，而中国的古诗更是历史文化长河中一颗璀璨的明珠。古往今来，有多少名人大家用诗歌来反映生活之美、自然之美、情感之美、艺术之美。相信，在今天的古诗苑漫步中，同学们能开阔视野，增长知识，感受到古诗的精华，品味到我们中国语言文字的优美和伟大，下面请大家用掌声欢迎四位主持人。

节目主持人发言：

罗宝宏：中国是一个诗的国度，诗的历史源远流长，名家辈出，名篇佳作在中华文明中蔚为壮观。

杨仁森：读古诗我们会得到美的熏陶，读"竹外桃花三两枝，春江水暖鸭先知。蒌蒿满地芦芽短，正是河豚欲上时"，会让我们感受到春光的美好。

罗世权：读"安能摧眉折腰事权贵，使我不得开心颜"能令我们激扬奋发。

李海燕：读"会当凌绝顶，一览众山小"会让我们体会到积极奋发，向上的豪迈。

罗宝宏：读"长风破浪会有时，直挂云帆济沧海"，会激励我们拼搏向上。

李海燕：浓浓的诗情荡漾在我们心头，

罗世权：悠悠的诗句洗涤着我们的心灵。

合：今天，让我们一起走进诗歌的百花园，在缤纷的诗歌中尽情地徜徉，感受诗的美、诗的伟大吧！

（二）感悟诗歌

杨仁森：诗歌的语言是那样的精妙，内容是那样的丰富，只要你留心观察，生活中就处处弥漫着诗的气息，使我们的生活丰富多彩，让我们的情趣变得更高雅，能提高我们生活的品位。诗歌在生活中无处不在，下面，有请各组交流我们在生活中收集的诗歌作品，然后一同展示，让大家开阔眼界吧！

请各组分类展示，如：扇面诗歌，茶具上的诗歌，酒杯上的诗歌，挂历上的诗歌，书签里的诗歌，笔筒上的诗歌，邮票上的诗歌，陶器上的诗歌，花瓶上的诗歌，家具上、手帕上的诗歌等，无论大街小巷，酒楼、茶楼里，诗歌无处不有，让学生每组一一展示评说，以培养学生观察生活、积累知识的能力。

有了诗来装饰我们的生活，我们会感到生活的美好，生活充满了诗情画意，生活的韵味会时时启迪着你的心扉，只要你善于去观察，就会惊喜地发现，原来生活处处有语文，生活处处有美好的诗歌。既然诗歌在生活中无处不在，那么，就让我们多背诗，多积累诗，现在，让我们打开记忆的闸门，把我们从小学到现在所学的诗——归类整理，走进诗的海洋感受那一篇篇精美的篇章。

（三）分门别类辑古诗

第一组展示发言：《给不同的古诗安一个家》，如：写春天的诗有"春眠不觉晓，处处闻啼鸟"的热闹之春，有"正是江南好风景，落花时节又逢春"的感慨之春，有"天街小雨润如酥，草色遥看近却无"的早春，有"人间四月芳菲尽，山寺桃花始盛开"的调皮晚春，可见春之诗洋溢着芬芳，令人浮思遐想。

第二组展示发言：二组的《醉清风》诗集，因清朝人才辈出，文学上有很高的成就，本诗集就收集了许多清代作家的作品，使同学们能了解清朝的诗风、诗情、诗意，如读到："月黑见渔灯，孤光一点萤，微微风簇浪，散作满河星。"让我们体会到宁静、悠闲、自在的景色，又如读到"千磨万击还坚劲，任尔东西南北风"，你会体会到郑板桥不屈不挠、坚韧不拔之情……我们编辑的这些作品都体现了作家们的不同风格，有的飘逸夸张，有的郁沉朴实，有的清雅自然……总之，把古诗归类编辑，我们受益匪浅，希望能得到大家的喜欢，也希望大家和我们一起来品味清朝的诗意，感受清朝作家的世界。

三组展示发言：《古怀雅景》封面上的山水如画，画如山水。本诗集记录了许多"花香鸟语""山水风光"的诗歌，如有"欲把西湖比西子，淡妆浓抹总相宜"的西湖之美，有"遥望洞庭山水翠，白银盘里一青螺"的清新之美，有"日长离落无人过，唯有蜻蜓蛱蝶飞"的春光，有"两个黄鹂鸣鸣柳，一行白露上清天"的自然美好之句。总之，希望我们能从诗集中感悟大自然，聆听那美好的天籁之音，得到更多的享受。

发言总结：

杨仁森：在古诗中徜徉，我们越发体会到诗歌的博大、诗歌的丰富，古诗，只有越品情越浓，越品越有味，下面，就让我们以不同形式对自己喜欢的诗歌进行品味。

（四）别出心裁品古诗

1. 看画品诗，依据绘画加上诗歌

李海燕：我古代诗歌追求诗情画意，只要品味便会发现"诗中有画，画中有诗"，"大漠孤烟直，长河落日圆"是一幅多么广阔苍凉的画面，面"小桥流水人家，古道西风瘦马，夕阳西下，断肠人在天涯"的凄婉会让人潜然泪下。接下来让我们准备好书法、绘画作品，尽情地展示诗歌的画面。

2. 书法作品展示

要求讲出创作的激情、书法涉及的诗歌内容和自己的愿望等，激发学生的创造能力和语言表达能力，来培养学生学习语文的兴趣。

杨金龙发言：我的这幅书法作品是用行楷写成的，书写了《观沧海》。大家请看，书法行如流水，大气磅礴，能体现曹操的大气，以及"日月之行，若出其中，星汉灿烂，若出其里"的博大胸怀，又写了他统一中国的宏伟抱负。希望大家能与我一起多练习书法，多用诗歌创作书法作品，可送给亲友、父母等，与大家一起提高生活的品味。

陈祥发言：我面前的这一幅书法给人的整体感觉是清新、恬静淡雅的，上有诗配道："茅屋风清槐影高，白头聊生诸离骚"。书写的同时，我笔下的每一笔都是那么轻松愉快，它展示着我内心体会的诗歌风采。我们可以把它挂在房室中，每当有人问起时，我们便可以自豪地说："这出自我的快乐之笔。"

3. 绘画作品展示及感言

要求学生讲出诗的意境，以及绘画的环境和意味，并读出诗中有画、画中有诗的韵味，如：第三组全丹画的《题西林壁》展示了诗中有画，画中有诗的美，展现了"不识庐山真面目，只缘身在此山中"的意境。极目远眺，左边是古木参天，一望无际的大森林，右边是高耸入云，连绵不断的悬崖峭壁，中间是一条大峡谷流水淙淙，泉水清澈，俨然诗中的山水美景，令人心旷神怡，同时也深悟到其中的哲理及韵味了。又如丁智文发言：我们这幅是根据《小池》的意境所画。画的是一幅荷花图，蜻蜓的雅趣，荷花的清高都可展示，因此，读好诗，配好画，把它挂在书房、客厅，你的生活就会增添许多生机与活力。让我们多读诗、多品味诗，多在诗中联想，就会把诗读活。大家看，我还把我读诗后感悟到的绘画订成了一本呢，请大家欣赏。

杨仁森主持：诗歌的语言是那样的精炼，内容是那样的丰富，每个字都能发挥金子般的光芒，而诗的意境之深远都需要我们细细品味，当然，品味的方式不只这些，下边有请诗歌演唱表演：

古诗演唱表演《相见相难别亦难》，竖笛欣赏诗歌表演《送别》，小品表演《石豪吏》和相声表演《游子吟》。

（五）声情并颂古诗

罗宝宏：品味诗歌，激情飞跃，品味诗歌，思绪飞扬。俗话说"熟读唐诗三百首，不会作诗也会吟"，下边让我们声情并茂诵古诗吧：

1. 每组同学参赛，激情背诵诗歌

一组：孙阳背诵《饮酒》

二组：王成军背诵《望岳》

三组：罗炜背诵《登幽州台歌》

四组：曾广芸背诵《归园田居》

抽签背诵比赛，诗歌内容分别有"春花雪月""引经据典""名胜古迹""春夏秋冬""离情别绪""大好河山"等内容，抽什么内容，就背出有关内容的诗篇。

2. 以组为单位进行诗句接龙背诵比赛

主持人出题，如《过零丁洋》

以组为单位接龙背诵，如一组背"辛苦遭逢起一经，干戈寥落四周星"，二组背"山河破碎风飘絮，身世浮沉雨打萍"，三组背"惶恐滩头说惶恐，零丁洋里叹零丁"，四组背"人生自古谁无死，留取丹心照汗青"。又如背《秋词》，一组背"自古逢秋悲寂寥"，二组背"我言秋日胜春朝"，三组背"晴空一鹤排云上"，四组背"便引诗情到碧霄"。

3. 以组为单位，集体背诵比赛，自选诗歌背诵

一组背《石灰吟》：千锤万凿出深山，烈火焚烧若等闲。粉身碎骨全不怕，要留清白在人间。

二组背《墨梅》：我家洗砚池边树，朵朵花开淡墨痕。不要人夸好颜色，只留清气满乾坤。

三组背《江南春》：千里莺啼绿映红，水村山郭酒旗风。南朝四百八十寺，多少楼台烟雨中。

四组背《长歌行》：青青园中葵，朝露待日晞。阳春布德泽，万物生光辉。常恐秋节至，焜黄华叶衰。百川东到海，何时复西归？少壮不努力，老大徒伤悲。

要求：把握节奏，背出感情，注重语调、语态，诵出诗味，并评奖。

（六）抒写感想徜徉古诗之趣

李海燕：今天，我们一起在生活中感受古诗之韵。

罗宝宏：今天，我们一起分门别类辑古诗，感受到了编书的快乐，在古诗中徜徉。

杨仁森：今天，我们别出心裁地品了古诗，用不同的方式感受诗的深远意境。

罗世权：今天，我们声情并茂，充满激情地诵读了古诗。

合：相信同学们都有许多感触、许多感想、许多情要表达，请大家拿起我们激情的笔，尽情地挥洒吧！

谢路路：参加了这次"古诗苑漫步"的活动，我领略到了中国古诗的精彩神韵。喜怒哀乐，豪言壮志，鸟语花香，世间的万事万物，都被诗人写进诗歌里，令人感叹，令人遐想。诗的一字一句都精彩简练，蕴意深刻。比如说：曹操"老骥伏枥，志在千里"的豪情壮语给人以积极乐观的精神，而李白的"我寄愁心与明月，随风直到夜郎西"让我体会到友谊的美好。我想今后同学们写作文或在生活中，也可以多用到古诗，让我们的作文更精彩，让我们的生活更有韵味。

韦丽娅：古诗在生活中真的无处不在，作为一位中国公民，我认为应该学好

古诗，在诗的芬芳中徜徉，在诗的天空中翱翔，漫步在诗的长廊里，领会它的博大与精深，在诗的海洋里，体味诗的诗情画意，提高自己，丰富自己。

徐礼雯：通过这次"在古诗的芬芳中徜徉"的活动，我们深深体会到：生活中无处没有语文的踪迹，无处没有诗歌的芬芳，无处没有人生的真谛，一首首精美的诗歌装点着我们的生活，一首首秀丽的诗歌把我们带进了悠远的历史画卷，一首首绝妙的诗歌丰富了我们的人生经历。让我们敞开胸怀，打开思想的闸门，在诗歌的芬芳中畅游、翱翔吧！

李光银：诗情画意，小品、相声、音乐，给了我们不同的启迪，从这多彩的节目中，我意识到生活处处有诗歌，生活处处有语文，它点缀着我们美满的生活，同时也启迪我们，诗歌可以丰富你的大脑，激起你的神经，"少壮不努力，老大徒伤悲"。这次活动我获益匪浅，知道古诗如鲜花般点缀了我们的生活，如微风吹拂着我们心灵，如春雨滋润了我们的世界，我要多读诗，读好诗。

八、同学点评，老师点评

评出优点，如准备充分、认真、条理清晰等。

缺点，如太仓促、力度不够，有些同学发言紧张，语言不流畅、把握内容不够全面和透彻等。

九、结束语

（一）老师总结

同学们，古诗是中华民族的瑰宝，古诗感情丰富，语言精练，意境深远，生动形象，脍炙人口，灿烂辉煌，我们了解古诗，就可以了解民族的文化历史，我们欣赏古诗，就可以感到文化的灿烂，我们漫步古诗宛，就会心旷神怡，流连忘返。同学们，让我们多读古诗，多收集古诗，多背古诗，多品味古诗，不断地吸收古诗的精华和营养，用诗歌来装扮我们的生活，让我们在古诗中徜徉，在古诗的海洋中健康地成长。

（二）教学后记

语文教学是一门艺术。一篇好的文章会影响人的一生，同样一堂好课也会让学生学到许多学习语文知识和运用语文知识的方法。我设计这节课的目的是就学生生活实际辐射出许多知识点，帮助学生懂得生活处处有语文，懂得观察生活、联系实际去架起通往那些闪烁着人类精神光芒的桥梁，让学生去享受诗歌精神盛宴，懂得深入文本、走进文本，与那些伟大的灵魂撞出耀眼的思想火花，在他们成长的道路上帮助他们刻下永不磨灭的印记。这是我这堂课的追求，也是我们农村学校平时的语文课堂教学上遵循的原则，用灵活精彩的课堂为学生全面均衡的发展奠基。

《说不尽的桥》教学设计

一、教学课题

九年义务教育人教版八年级上册第三单元综合性学习《说不尽的桥》。

二、课堂类型

活动课。

三、活动目标

培养学生的观察力和想象能力。

引导学生领略我国丰富的桥文化，提高文化素养。

培养学生收集、整理、分析资料的能力。

锻炼学生的语言表达能力，提高学生的语文综合运用素质。

四、教学活动准备

成立活动小组，有效合理地分组。

策划组：负责本次综合性学习的策划、组织和调度，管理和督促其他小组开展工作。

编写组：主编一名，编委五名，负责资料的整理、有关图片的搜集和处理，要求有工作的热情和较好的文笔。

节目组：由全班同学根据活动内容和自己的志趣、爱好，从网络、图书馆、家乡实地走访中收集有关桥的知识内容，如：桥与文学艺术（有关桥的诗歌、对联、谜语、俗语、谚语、成语、故事与传说、绘画、雕刻、图片）；有关桥的课件（桥的类型、构造、建筑材料、作用）；桥的象征意义等。要求突出主题、形式多样、有感染力、有创造力。

每位学生都必须根据爱好报名参与至少一项，并背诵所学过的有关桥的诗句。

由班上推选出男女四位节目主持人，准备好开场白和活动程序的台词。

准备歌曲《北京的桥》等伴奏音乐。

五、教学重难点

培养学生学习语文和运用语文的能力，体会生活处处有语文的乐趣。

培养学生团结合作、勇于创新的精神，通过编辑整理有关桥的图片、知识、故事、文艺、手抄报等手段，提高学生自主学习、敢于展示自我和语言表达等综合能力。

六、教学理念

语文综合实践活动是为了培养学生自主、合作、创新的实践能力，注重跨科学的知识整合，开阔学生视野，提高学生文化修养和文学品味，让学生热爱生活，懂得感恩，树立理想。在活动中连通课内外知识，充分利用学习资源。以此发挥学生的天性，为学生创设展示自我的舞台，让学生充分感受到学习的快乐。

七、课堂活动过程

（一）导入

1. 老师发言

同学们，本单元我们学习了《中国石拱桥》这一课，了解到石拱桥形式优美、结构坚固、历史悠久的特点。学习了《桥之美》这课，领会到桥与山川、树林、房屋、花草和谐相应构成了形形色色的风韵之美。桥是许多文学作品中美的意象，马致远有"枯藤老树昏鸦，小桥流水人家"的清幽、空寂之美，沈与求有"画桥依约垂杨外，映带残阳一抹红"的艳丽之美，杜牧有"二十四桥明月夜，玉人何处教吹箫"的空蒙、思念之美。

同学们，只要我们做语文学习的有心人，善于观察、勤于领悟，一座古桥，一处景致，一个动人的故事，都会让我们心旌摇动，流连忘返，今天就让我们随着节目主持人的引领，走进"桥"的世界，一起领略博大深厚、妙趣横生的"桥"文化吧。

2. 节目主持人发言

陈泽鑫：同学们，生活中我们少不了桥，它集实用功能与审美价值于一身。

韦丽娅：桥，它体现着人类的智慧，给人以美感，在我们祖国的大江南北，处处都有它美丽的身影。

张建：这个星期，我们围绕"桥"这个话题，收集、整理、分析了许多关于桥的资料，策划了这次活动，并积极组织了节目排练。

罗世权：今天就让我们与老师同学一起分享活动成果，走进桥的世界。

（二）欣赏桥的风姿，丰富桥的知识

1. 节目主持人发言

陈泽鑫：古今中外的桥，姿态万千，各具风采。

韦丽娅：是啊！桥很美，与山水配合更美，给人丰富的联想和感受。

合：下面，就让我们欣赏同学们收集的各式各样桥的图片，让你陶醉，让你迷恋。

2. 各组同学围桌交流欣赏各自收集的纸质图片

3. 每组汇总经典图片通过幻灯片或课件形式展示并讲解

第一组陈祥展示：家乡的独木桥、吊桥、小土桥、小石桥、下司水泥桥、苗族风雨桥等图片。

第二组杨金龙展示：北京的紫竹桥、十七孔桥、金水桥、卢沟桥、西直门桥、四惠桥、天宁寺桥、香港青马大桥等图片。

第三组金丽展示：赵州桥、宝带桥、南京长江大桥、芜湖长江大桥、青岛栈桥、纤道桥、太平桥等图片。

第四组罗宝宏展示：杭州湾跨海大桥、女孤山跨海大桥、青岛跨海大桥、李村河桥、明石海峡桥、阴江长江公路大桥等图片。

节目主持人发言：

陈泽鑫：感谢同学们的精心查阅展示，让我们大饱眼福。这些形形色色的图片让我们惊叹于劳动人民的勤劳和智慧。

韦丽娅：这些桥里有着丰富的知识，让我们交流抢答。

4. 同学根据节目主持人提问抢答如下

唐杰：桥按功用可分为公路桥、铁路桥、立交桥、天桥等。

陈洁：桥按结构可分为梁桥、浮桥、吊桥、拱桥、悬索桥、斜拉桥等。

李艳：桥从形式可分为梁桥、浮桥、吊桥、拱桥等，比如武汉长江大桥就是梁式桥，而赵州桥就属于拱桥，汕头海湾大桥是悬索桥，属于吊桥。

罗宝宏：桥的常用建材有石头、木材、竹、钢筋水泥、钢铁等。

何克敏：中国十大名桥有五亭桥、卢沟桥、铁索桥、广济桥、安平桥、赵州桥、十字桥、风雨桥、玉带桥、五音桥。

张建：世界现代化的大桥有美国金马大桥、武汉长江大桥、美国金门大桥、海珠大桥、日本明石海峡大桥、英国伦敦塔桥、博斯普鲁斯大桥等。

全丹：1935 年红军长征中，飞夺泸定桥，创造了震惊世界的奇迹。

韦丽娅：现存最古老的敞肩石拱桥是河北赵县赵州桥（或安济桥）。

陈泽鑫：现存最早的也是桥洞最多的联拱石桥是江苏苏州宝带桥。

陈六六：现存最早的十字桥是山西晋祠鱼沼飞梁，北宋崇宁元年（1102年）建。

谭龙龙：早在我国秦孝王时（公元前 250 年），就创造了世界上第一座多孔连续式竹索桥。

何克敏：公元前 206 年，西汉时，樊哙在汉中留坝建了最早的铁索桥——樊河铁索桥。

李娅兰：世界最长的拱桥——重庆朝天门长江大桥，单拱跨度 546 米。

（三）走进桥的意境，感悟桥的文化

1. 主持人发言

陈泽鑫：桥，不是冷冰冰的建筑物，它体现着人类的智慧，给人以美感，所以从古至今，桥是文人画士笔下的宠儿，诗歌、故事、传说都给予了桥无穷的魅力。下面我们一起跟着艺术家们来写桥、颂桥、画桥，让"桥"文化荡涤我们的心灵。

2. 有关桥的俗语、谚语、成语、歇后语等默写比赛

第一组：桥归桥，路归路；双桥好走，独木难行；船破偏遇顶头风；多一个朋友多一条路，结一个仇人拆一座桥；鹊桥相会；过桥抽板、过河拆桥、乌鹊成桥、长桥题柱。

第二组：你走你的阳关道，我过我的独木桥；我走过的桥比你走过的路多；白娘子哭断桥——想起旧情来；背媳妇过独木桥——又惊又喜；笨驴子过桥——步步难；踩着高跷过独木桥——艺高人胆大；踩着银桥上金桥——越走越亮堂。修桥补路、鞭石成桥、过河拆桥。

第三组：曹操八十万兵马过独木桥——没完没了；没桥顺河走——绕来绕去；车到山前必有路——船到桥头自然直；桥孔里伸扁担——担当不起；过河拆桥——不留后路；张飞拆桥——有勇无谋；桥头上跑马——走投无路。立马盖桥、乌鹊成桥、过桥抽板。

第四组：船到桥头自然直；你走你的阳关道，我走我的独木桥；卢沟桥上石狮子——数不清；桥顶上盖楼——上下空；桥头上跑马——走投无路；独木桥上睡觉——翻不了身；九曲桥上散步——走弯路；张飞拆桥——有勇无谋。乌鹊成桥、遇水叠桥。

3. 每组同学背诵关于"桥"的诗歌

（1）配乐朗诵

一组王成背诵《枫桥夜泊》

二组杨金龙背诵《天净沙·秋思》

三组罗炜背诵《再别康桥》

四组曾广芸背诵《商山早行》

（2）接龙背诵比赛

主持人出题，以组为单位接龙背诵，如《卜算子·咏梅》，第一组背：驿外断桥边，寂寞开无主。第二组背诵：已是黄昏独自愁，更著风和雨。第三组：无

意苦争春，一任群芳妒。第四组：零落成泥碾作尘，只有香如故。

要求：把握节奏，背出感情，注重语调，语态，诵出诗味，并评奖。

4. 画桥配诗

（1）主持人发言

韦丽娅：我国古代的桥梁，在造型上柔和多变，园林里有山必有桥，亭台楼阁，小桥流水，互相映衬，缺一不可。

陈泽鑫：桥在水上山间，凌空越阻，千姿百态，历来是文学和艺术的绝好题材，下面，就让我们学学古人，来画桥配诗，同学们根据绘画配上恰当的诗句。

（2）挑选班上绘画爱好者到黑板上现场作画，学生配诗。

金沙水拍云崖暖，大渡桥横铁索寒。

一桥飞架南北，天堑变通途。

伤心桥下春波绿，疑是惊鸿照影来。

二十四桥明月夜，玉人何处教吹箫。

枯藤老树昏鸦，小桥流水人家。

在学生作画、配诗的基础上，让学生展开想象的翅膀，与现实生活场景进行联系，学为所用，在生活中处处用上语文知识，并在生活中遇到相似的场景及时吟诵相应的诗句。

（四）聆听桥的故事，挖掘桥的深意

一组讲述：风雨桥的传说

二组讲述：当阳桥的故事

三组讲述：侗族风雨桥的故事

四组讲述：西湖断桥的故事

每当一组结束后，大家就开展讨论，培养学生说话、表达、交流的能力。

（五）欣赏桥的文学之美

1. 主持人发言

韦丽娅：桥不是冷冰冰的建筑物，它体现着人类的智慧，并给人以美感。

陈泽鑫：人们情不自禁地用诗文来赞颂它，关于它的文学也十分丰富。

韦丽娅：这些，赋予了桥无穷的魅力。现在进行第二个环节，桥之文学美欣赏。

陈泽鑫：首先是诗歌朗诵大联串。

第一组代表朗诵：马致远《天净沙·秋思》。

第二组代表朗诵：毛泽东《长征》。

第三组和第四组接龙配乐朗诵：徐志摩《再别康桥》。

韦丽娅：下面请几位同学来谈谈，你最喜欢哪位同学的朗诵，并说说你喜欢的理由。

杨艳：我觉得第二组朗诵不错，感情很投入，把红军长征那种坚韧不拔的精神表达得淋漓尽致，声音也很洪亮。

王霞：听了刚才这么多位同学的精彩朗诵，我觉得是各具风采，第三组和第四组的配乐诗朗诵很精彩，尽情将这种伤离别的忧愁释放出来，把我们也带到了那个缠绵的情景。

陈泽鑫：刚才几位同学的点评十分到位，在诗歌朗诵大联串中我们欣赏了三首诗歌，在美妙的诗歌朗诵中，再现了红军飞夺泸定桥的壮举，体会了游子对家的思念，还有那离别之桥——康桥带给我们的真情。

（六）描绘想象之桥，浸润纯洁心灵

张建：海阔任鱼跃，天高任鸟飞，让我们放飞想象的翅膀，想象桥之情，浸润文明纯洁的心灵。

罗世权：生活中有许多"桥"，它们既不架在水上，也不架在陆地上。

张建：它们的建造虽不费一砖一瓦，却发挥了桥的作用。

罗世权：它就是心桥，我们心中想象之桥，它横跨在你我他的心中，情悠悠，意悠悠。

张建：现在进行第六环节：描绘想象之桥，浸润纯洁心灵。

罗世权：首先让我们以："＿＿＿＿＿＿是一座桥，＿＿＿＿＿＿"的句式展开联想，仿说一句话。

张建：就像班干部是一座桥，他们是老师与同学之间联系的纽带。

罗世权：又如网络是一座桥，它让全世界成了地球村。同学们先准备准备，然后就请几个同学来说说。

杨汉：音乐是一座桥，它让全世界的人们心相连，手相牵。

李海燕：网络是一座桥，它是素不相识的人们沟通的桥梁。

陈家坤：2008年奥运会是一座桥，它让全世界注目北京，了解中国。

韦李娅：今天同学们的表现都很精彩，让我们欣赏到了他们的才华。今天通过这次活动，我们所有同学的语文素养都得到了提升，都得到了一次美的熏陶。我爱语文，我爱我国的桥文化，现在，我们将时间交给老师，由老师为这节课做总结。

教师：同学们，今天我们通过各种形式圆满完成了活动课，大家都了解到了更多的关于桥的知识、桥的风采。其实与桥有关的知识还有很多，等着我们去挖掘。希望各个小组利用课余时间，把大家收集到的资料整理成一份手抄报，作为我们这节课的成果。最后，让我们共同欣赏南斯拉夫电影《桥》的主题曲《啊，朋友再见》，让我们在歌声中结束这节课。

八、教学反思

《语文综合性学习新课程标准》实施以来，是语文教师积极探索的一个新领域。怎样扣住语文知识的拓展和基本技能来进行听说读写的训练呢？本次语文综合学习活动主要是从处处体现语文知识的积累和基本技能的训练方面来设计，让两者有机结合，相得益彰。这就要求语文教师在角色意识、知识储备、探求新事物的能力、驾驭课堂的技巧方法等方面有充足的准备。因此，作为教师不仅要加强自身的积累提升，还要积极探索、勇于尝试。让师生共同在新课程改革的进程中共同成长，共同进步。

《唐雎不辱使命》创新教案

一、课题

九年级义务教育人教版九年级上册《唐雎不辱使命》。

二、教学分析

（一）本课在教材中的地位

现在的教学理念注重各科知识的整合，特别是语文与历史、地理、自然等学科有着不可分割的联系。另外，在新课标中，初中语文的教学目标之一是教会学生灵活地掌握记叙文、议论文、说明文、散文等体裁的写作知识，并能写出通顺、流畅、有个性、感情真挚的文章。九年级义务教育人教版九年级上册第22课《唐雎不辱使命》是这个单元的一篇重点讲读课文，学习这篇文章，不但能增长历史知识，培养学生对历史的兴趣，还能从古人的智慧、勇气和节操中得到感染和激励。上好这一课，可以让学生学习到突出记叙文中人物鲜明形象的写法，掌握更多的写作知识。

（二）学情分析

本课是人教版九年级语文上册的一篇课文，九年级学生有强烈的求知欲和好奇心，知识上有了一定的积累，对人的气质、精神有了一些独特的体验和看法，有表达个人观点、展示自我的强烈欲望。但受家庭和外来文化的影响，多数学生关注的是时髦、偶像、游戏等话题，在思想理念上"获取得多，奉献得少"。因此，这篇文章不仅要教会学生写作方法，更重要的是在历史故事中培养学生强烈的责任感和爱国心，让学生从心灵深处激发高尚的民族自尊心，懂得自己与国家的未来是紧紧地联系在一起的。借助本文更要培养学生良好的人生观价、价值观、世界观。

三、教学目的

通过学习，让学生懂得本文的写法，了解唐雎和秦王的形象。

加强对文言词语的理解，抓住重点词语的含义，通译全文，了解文章内容。

学习唐雎不畏强暴、敢于斗争、善于斗争的精神，从而领会"富贵不能淫，贫贱不能移，威武不能屈"的铮铮骨气。

领悟本文言辞的巧妙之美。

四、教学重难点

学习本文塑造人物形象的方法，体会人物对话的语气和深刻含义。

学习本文所表现出来的凛然正气，懂得本文材料的取舍方法和运用对比、衬托、排比等的写作手法。

五、教学设想

以自主、合作、探究、朗读、表演等教学方法为主，以人为本，关注学生思维的发展，培养学生好学、乐学的学习兴趣，并培养学生学习能力和运用知识的能力，领悟到中华优秀文化的精神。

六、课前准备

学生分成四组，以组为单位，合作自学课文后，自主选择角色进行表演训练，编成课本剧，准备在课堂上表演。

准备《恰同学少年》的歌曲。

收集《战国策》中与课文有关的故事。

七、教学过程

（一）导入新课

师：在我们泱泱大国的历史上，有数不清的风流人物啊！如：陈涉仰天质问"王侯将相宁有种乎"，揭竿而起；诸葛亮"未出茅庐而天下三分"。他们都留下了许多的动人故事。虽然他们像我们所学的古诗一样："千古兴亡多少事，悠悠。不尽长江滚滚流。"但又如《三国演义》里的主题曲一样，他们是永远闪耀在天上的星星，他们的精神放着光芒，指引着我们。

在激起学生兴趣的基础上，引导学生举出古今"不辱使命"的外交家，如蔺相如、毛遂、晏子等故事引出唐雎，以此拓展教学内容和提高学生资料检索的能力，培养学生自主学习的能力。

（二）学生活动，初读课文，进行字词默写比赛

学生自由读课文，了解题目，勾画重点解释，了解作者及本文的写作背景。

以小组竞赛的方式，让几名学生介绍本文写作背景及《战国策》，看谁了解得最清楚，得到老师相应的表扬。

学生板书课题及作者，老师对"雎"和"锥"进行提醒和纠正。

通读全文，交流不认识的生字词，读准字音，进行生字词默写比赛

以组为单位，每组分一段朗读，其他同学认真听，并做出评价。

在学生互评的基础上，找出本课易读错和重要的字词及读音让学生写在黑板上。

齐读记牢后，进行默写生字词比赛

（三）学生齐读课文，分组讨论

第一组翻译第一段，派一代表上讲台翻译，另一同学把重点词写在黑板上，其他组以此类推，通译全文。

（四）进一步读课文，理解课文

1. 学生分角色朗读课文

如："寡人以五百里之地易安陵，安陵君不许寡人，何也？"（反问，不容申诉，威胁霸道的语气）；又如："公亦尝闻布衣之怒乎？"（威胁不可一世）；"若士必怒，伏尸二人，流血五步，天下缟素，今日是也。"（义无反顾，刚强正义），让学生在诵读中领悟中心和人物性格及塑造人物鲜明形象的写法。

2. 学生思考、讨论

（1）本文的中心思想是什么？

（2）本文用什么材料突出中心？

（3）课文怎样安排层次？

（五）赏读课文

1. 请同学们以"……写出了……"的句式说话，品味文章中的语言描写的妙处

学生自由发言：

生 1："安陵君其许寡人！"写出了秦王盛气凌人、以强凌弱的心态，反映了秦王狡诈、专横的性格。

生 2："今吾以十倍之地，请广于君，而君逆寡人，轻寡人与？"写出了秦王盛气凌人、以强凌弱的心态和咄咄逼人的气势。

生 3："安陵君受地于先王而守之，虽千里不敢易也，岂直五百里哉？"写出了唐雎坚定的立场、不卑不亢的态度，进一步揭穿秦王的骗局。

生 4："公亦尝闻天子之怒乎？"写出了秦王骄横狂妄、不可一世的性格。

生 5："夫专诸之刺王僚也，与臣而将四矣"，写出了唐雎的凛然正气、不畏强暴、宁死不屈。

然后老师点评，指出发言中的亮点，鼓励学生敢于发言。并以掌声、糖果等进行奖励。

2. 品味语言描写的妙处

让学生讨论后回答归纳，如：渲染人物活动环境、刻画人物形象、提示人物

性格等。

3. 让学生再读课文

除了对话描写外，再让学生找出文中对比、反衬、排比等手法的运用及作用。

如秦王"使人谓"—"不说"—"怫然怒"—"色挠""长跪而谢"等对比，突出秦王的外强中干、色厉内荏、前倨后恭的性格。

又如：用秦王的凶暴反衬唐雎的无畏、果断等，用排比的句式体现唐雎的大无畏精神等。

（六）课本剧表演比赛

在深入品味文章写法和牢固理解文章后进行课本剧表演，培养学生的表现能力和对文章思想内容的领悟能力，更进一步体会人物性格，学习唐雎的大无畏精神，对作品进行第二次创造，培养学生运用语言的能力。在表演中体会文章的言辞之美。

（七）畅说感想

（八）结尾

用《歌唱祖国》的主题曲结尾，用此昂扬的音乐渲染课堂气氛，激发学生的斗志，鼓励学生拼搏上进的精神。

八、备教手记

本课在这个单元里是一篇重要的讲读课文，学好这一课，对后面《隆中对》《出师表》等人物形象及文章写法都有着很好的指导作用。文章内容是写战国末年秦统一天下前夕，秦王以强凌弱，用名为"易"实为"抢"的欺骗手段去占安陵，本文写唐雎受安陵君之命出使秦国，坚持正义，勇敢抗秦，致使秦王威风扫地，而胜利完成使命的故事。因此，本文教学目标为：

让学生学习唐雎不畏强暴、敢于斗争、善于斗争的精神，让学生通过唐雎的形象，体会中华历史上这些英雄气概和中华民族的铮铮骨气，激发学生立足于社会，维护祖国尊严的人生观、价值观。

培养学生学会探究、合作，懂得本文用对话去刻画人物形象的写法，以及文中对比、反衬、排比的手法的运用。

在授课中，注重"以人为本"的新课改理念，多找平台，多让时间给学生思考、交流和发言，教会学生发现问题、解决问题的能力，激发学生学习兴趣，养成深度思考的习惯，并能联系社会生活和实际运用语文知识，如引导学生利用课本剧的表演，把课文知识与切身感受联系起来，让学生牢固地掌握知识。

在教学中，老师要充满激情，在上课中不断煽情，激发学生的学习热情和兴趣，使整个课堂课气氛活跃、高潮迭起。

《中国人失掉自信力了吗》说课稿

一、课题

人教版初中九年级语文第五册第三单元《中国人失掉自信力了吗》。

二、教学分析

（一）本课在教材中的地位

在新课标中，初中语文的教学目标之一是教会学生灵活地掌握记叙文、议论文、说明文、散文等体裁的写作知识，并能根据这些写作知识分别写出通顺、流畅、有个性、感情真挚的文章。初中语文第五册的一个教学重点是议论文教学，《中国人失掉自信力了吗》是第三单元的一篇重点讲读课文，鲁迅先生的这篇驳论文短小精悍，写法灵活，是驳论文中的典范。如果上好这一课，就会使学生对立论和驳论这两种不同议论方式的文章有更清晰的了解，对议论文知识的掌握就会更牢固，对指导学生议论文的写作有很大的帮助。

另外，这篇文章是鲁迅写于"九一八"事变三周年之后，当时中国人沉浸在失败的阴影中，国内悲观论调一时甚嚣尘上，鲁迅先生凭着爱国精神和敏锐的洞察力发出中国人自立自强的呐喊，写下了这篇文章。学习这篇课文对培养学生的爱国精神、增强民族意识和民族自尊教育有很大的意义。这篇文章在教材中的地位很高。

（二）学情分析

本课是人教版九年级语文上册的一篇课文，九年级学生有强烈的求知欲和好奇心，知识上有了一定的积累，对人的气质、精神有了一些独特的体验和看法，有表达个人观点、展示自我的强烈欲望。但受家庭和外来文化的影响，多数学生关注的是时髦、偶像、游戏等话题，在思想理念上"获取得多，奉献得少"。因此，这篇文章不仅要教会学生写作方法，更重要的是在历史故事中培养学生强烈的责任感和爱国心，让学生从心灵深处激发高尚的民族自尊心，懂得自己与国家的未来是紧紧地联系在一起的。借助本文更要培养学生良好的人生观价、价值观、世界观。

（三）教学目标

体会鲁迅的忧患意识和爱国精神，增强学生民族民主意识和民族自尊心、自豪感。

学习驳论文的写法和技巧。

与学生的现实生活联系起来，品味理解重要语句的深刻含义，并对感情表达深刻的语句和词语加以背诵和运用。

三、教学策略

（一）教法设计

颂读法：让学生通过声情并茂的朗读增强感知、感悟的能力。

情景设置法：本节课用饱含深情的语言，或音乐、视频、问题等充分设置情景，激发学生智慧的火花，顺利走进文本，与作者的思想产生共鸣。

比较阅读法：在与议论文和其他文章的比较中完成对知识的掌握和延伸。

（二）学法指导

品语法：让学生反复品读课文和重点语句，品味其思想内涵和写法。

圈点勾画法：让学生学会抓住重点，勤动笔墨，做好读书笔记。

讨论探究法：引导学生自主学习、合作交流，激发学生的情感和乐学的兴趣。

四、教学过程

（一）导语设计

让学生回忆、讨论、总结从小学到初中，所学过鲁迅的文章有哪些、都是什么体裁等，如：散文《从百草园到三味书屋》《藤野先生》；小说《社戏》《故乡》等。使学生对鲁迅的文章特点和旧的知识能更扎实、更清晰地掌握。

把时间留给学生活动，互相提问本课所属单元学过的课文《敬业与乐业》《事物的正确答案不止一个》的议论方式、中心论点、论证方法等知识，再次巩固议论文的知识和写法，为学习本文打好基础。

放映电影《阿Q正传》片段，让学生初步体会鲁迅对中华民族的深刻审视和热切关注，引出课文，板书课题。

（二）朗读课文

学生以组为单位推荐本组同学分段朗读课文，互相纠正字音，扫清字词障碍后，用不同情感朗读不同段落。让学生讨论、整体把握课文，理清思路，把本文的写法与前几篇议论文写法进行比较。老师讲清驳论文知识。

学生反复朗读课文，分组讨论、探究。

对方错误观点是什么？作者为什么认为他是错误的？作者的观点是什么？依据是什么？让学生互相帮助，找准答案，老师补充、指导。

（三）品读课文

如第一段中"总"字体现一副自我炫耀、夜郎自大的丑样；"只"体现一副仰人鼻息的形象；"一味"体现敌人沉迷于求神拜佛、软弱、顽固不化的样子，又如"状元宰相""地底下"等词的深刻含义和"不过一面总在被摧残，被抹杀，那简直是诬蔑"等句的表达作用等，让学生在细细品读和感悟中，体会作者用生动形象的语言揭示的深刻道理，体会作者用这些词语句子所透射的爱国情感，加强对文章内容的理解。同时让学生明白在自己作文中也要准确使用词语，增加文章的说服力和感染力。

（四）拓展延伸

再次朗读课文讨论、复述本文内容后，让学生张开想象的翅膀，结合自己所积累的知识，找出中国的"脊梁"是哪些人？再联系实际生活探究，现在我国有哪些成就证明我们没有失掉自信力？激发学生关注生活，讨论交流：如"神五""神六""神七"号卫星升天；2008年奥运会举办顺利成功……最后学生讨论交流自己学习本课后有哪些收获，如驳论文与议论文在写法上有哪些相同和不同之处？从作者的思想感情上，从自己的生活观念与追求上受到哪些启发？从文章的立意、材料取舍、层次安排、语言运用上学到什么？再将本文表达爱国思想所用的写法、材料与同样写爱国之情的文章的写法和材料比较有哪些相同和不同之处？通过拓展延伸训练，让学生对所学知识自主总结提升，达到举一反三的效果。这样学生学到的知识就是鲜活的、扎实的、永久的。

播放梁启超的《少年中国说》，让学生朗读"故今日之责任，不在他人，而全在我少年，少年智则国智，少年富则国富，少年强则国强，少年独立则国独立……少年进步则国进步，少年胜于欧洲，则国胜于欧洲，少年雄于地球，则国雄于地球……"用这慷慨有力的爱国语句再次激起学生的责任感和爱国热情来结束课文。

（五）积累背诵检查

摘抄默记本课的好词好句：如地大物博、怀古伤今、埋头苦干、前仆后继……

在课外找出10句爱国名言和10个词语摘抄下来并背诵。

抄写《少年中国说》中的名句。

五、结语

语文教学是一门艺术，一篇好的文章会影响人的一生，一堂好课也会让学生学到许多学习语文知识和运用语文知识的方法。我们的课堂应辐射出许多知识点，联系实际，帮助学生架起通往那些闪烁着人类精神光芒的文章的桥梁，和学生一起去享受那些精神盛宴，走进文本，与那些伟大的灵魂撞出耀眼的思想火花，在他们成长的道路上帮助他们刻下永不磨灭的印记。这是我这堂课的追求，也是我平时语文课堂教学遵循的原则。

《云南的歌会》教学设计

一、教材分析

《云南的歌会》是人教版八年级下册的一篇文章，出自现代作家沈从文之手，作者以清丽的文笔描绘了三种不同的民歌演唱场面，字里行间洋溢着对云南风土人情的赞美。三个场面在内容及写法上各不相同，蕴含着浓郁的民间文化气息。本文主旨重在引导学生浏览中国民族文化，热爱各民族人民和民族文化。

二、教学目标、教学重难点

识记并理解文中的生字词，了解三种不同场合的歌会场景的写法；赏析品味文中人物描写、环境描写、场面描写及精彩的语言并学会运用；感受作者情怀，探寻并领略当地民族风情。激励学生关注民俗文化、热爱民俗文化。

三、教法设计

《云南的歌会》是经典美文，教学时采用情境教学法，在备课中收集大量云南歌会的视频让学生体会到云南歌会的美、陶醉于云南歌会的美。再引导学生欣赏悠扬的黔东南民族音乐。把学生带入歌声的海洋，使学生设身处地去感受、体会，从而获得知识和美的享受，激发学生的学习兴趣，减轻、消除学生的学习压力，产生高涨的学习热情和民族自豪感。

四、教学过程

（一）导入新课

老师一边播放着苗族歌手阿幼朵唱的《苗岭瑶》，一边展示着一些苗族人歌唱的图片。

师：同学们，你们那么兴奋，那你们知道这是谁唱的歌曲吗？这位歌手是我们黔东南的骄傲，在全国可是很有名气的哟。

生：阿幼朵。

师：那你们知道图片中展示的是哪一个地方的什么民族的民风民俗吗？

生：贵州黔东南的苗族在唱苗歌。

师：对，这首歌曲呀，就是我们黔东南美丽的阿幼朵所唱的《苗岭瑶》，这些图片，也是苗族姑娘们在唱的苗歌。接下来我们再看看。

老师一边播放着侗族大歌《蝉之歌》，一边展示着一些侗族人歌唱的图片。

师：这首歌曲是哪个民族的歌曲？

生：侗族。

师：谁知道图片中展示的是哪一个地方的什么民族的民风民俗？

生：也是我们黔东南的。

生：侗族大歌。

生：老师，怎么没我们布依族的哪？

师：咦！这位同学问得好啊，看看这位同学对她们的民族文化多么热爱。接下来我就来欣赏一下布衣民族的山歌。

老师一边播放一曲布依山歌，一边展示布衣民族人们歌唱布依山歌的图片。

师：好啦！同学们表现都很好，都比较了解我们贵州的民族歌曲，今天呢，我们主要的任务就是走进云南，去看看云南这个多民族地区的民族歌会。

（二）资料简介

1. 作者简介

2. 云南民歌简介

（三）整体感知

1. 检查生字词预习情况并指导学生听写积累生字词

2. 学生自行朗读课文思考讨论：文章写了哪些唱歌场面？文章的第一自然段和后面整个文章的关系是什么？每个唱歌场面各有什么特点？描写的侧重点有什么不同？

3. 云南的歌会给你留下了什么样的印象？作者为什么会对云南的歌会感兴趣？

（四）文本探究

1. 作者通过什么方式表现山野对歌？

2. 写赶马女孩唱歌仅三句，却用了许多优美的语句描写由呈贡一路进城的景色，这是否偏离了"山路漫歌"的"歌"字？

3. 将"金满斗会"与前两种形式的歌会比较，说说"金满斗会"的难得之处在哪里？

这里设计的每一个问题，都要由浅入深地提问、引导，留有充裕的时间让学生分组讨论，让每一个学生都有发言的机会，然后老师再进行正确的归纳总结，教会学生思考归纳的学习方法，在讨论归纳总结中感受到作者笔下云南歌会的美以及我手写我心的方法。

（五）人物赏析

要求学生把文章中写人的地方仔细读读、反复读、反复体会，欣赏作者笔下的人物。

1. 参加对歌的女性有什么特点？作者对他所写女性的态度是什么？

2. "山路漫歌"中的赶马女孩子有何特点？

3. 在"金满斗会"中作者写了哪些人物？沈从文写这么多人物有什么用意？

（六）问题讨论

1. 分析下面的人物描写。

这种年轻女人在昆明附近村子中多的是。性情开朗活泼，劳动手脚勤快，生长得一张黑中透红枣子脸，满口白白的糯米牙，穿了身毛蓝布衣裤，腰间围了个钉满小银片扣花葱绿布围裙，脚下穿双云南乡下特有的绣花透孔鞋，油光光辫发盘在头上。

2. 课文第四段，用许多笔墨描写由呈贡进城时一路的景色，写"开满杂花的小山坡""各种山鸟呼朋唤侣"，还有戴胜鸟和云雀的歌唱。这些内容和"赶马女孩子的歌唱"有什么关系？你觉得作者写这些有什么用意？

（七）教师总结

赏读《云南的歌会》这一篇文质兼美的散文，我们似乎与作者一起到了云南开展云南之旅。任何一篇课文不能孤立地学习，我们应该了解编者的意图，本单元是民俗单元，编者选编本文的目的之一就是希望同学们能关注民俗文化。有些声音我们不能遗忘，虽然时间让它们沉下历史的河床，但当伴着田间嗒嗒的马蹄和奏响在山野村落的鸟鸣，民歌、腰鼓、戏曲、民间艺人悠扬的二胡，这些民俗文化的精粹在我们的耳畔隐约传来的时候，同学们，我们要驻足、欣赏，让这些天籁之音，把我们的智慧之灯点亮，让民俗文化源远流长！

（八）拓展延伸

前面我们学习了《云南的歌会》这一篇文章，作者用他精妙的文笔描绘了三种不同场面的民歌演唱，每一场景都各有特色，每一个民族都有自己的特色，各民族民歌所表现的内容也十分丰富，无论是民族历史上重大事件，还是生活中的婚丧礼俗，几乎生活中所能接触到的一切事物，在民歌中都有生动的反映。既然我们属于布依族乡，那我们更得传承和发展我们的布衣民族文化。除了布衣民族的民歌，还有很多的布衣民族文化，比如，布依族的来历、语言、乡土文化、舞蹈等。给大家一个星期的时间下去收集整理，等我们在学习这单元的综合性学习·写作·口语交际"到民间采风去"的时候，大家把各自的成果展示给大家一起欣赏，一起进步，一起热爱我们的家乡。

五、教学反思

本节课教学目标明确，情境导入新课新颖，让同学生对作者及云南民歌有初步了解，接着去整体感知文章内容，条理清楚地引导学生学习文中三个场合唱歌的情景，进一步加深对课文的理解，从而促发学生文本探究意识，提高学生解决问题的能力。

在教学这篇文章时，要充分体现新课程标准的"注意开发利用课程资源"的精神，适当拓展学习范围，用民族文化构建平台，让学生从教室走向社会，从课内走向课外，领略本土民族文化。培养学生的民族自豪感，升华学生的整体素质，同时培养一些乡土人才，为深层挖掘、保护和传承优秀的民族文化创造了良好的社会气氛。总之，现代人的生活节奏越来越快，但只要当老师的我们稍微停一下脚步，留意身边的风景，关注一下民风民俗，把优秀的民族文化适当引进课堂，拓宽学生视野，培养更多优秀学生，就能积淀好、传承好五千年奔腾不息的华夏文明。

《济南的冬天》教学设计

一、教材分析

《济南的冬天》是人教版九年义务教育课程标准实验教科书七年级上册第三单元中的第2篇课文。这个单元选的是描写四季景物的诗文，向读者展示了各不相同的四季特征。该单元总的教学目的，是要在反复朗读的基础上，领略自然景物的美，领会蕴含在字里行间的感情，揣摩精彩的词语、句子和段落，还要练习精读的技能，并作适当的摘录。

《济南的冬天》是老舍在济南齐鲁大学任教时所写的一篇情辞并茂的写景散文。文章生动形象地描写了济南冬天的气候温和、度冬如春、美丽如画的景色，抒发了作者热爱济南的思想感情。全文思路清晰，安排有序，寓情于景，情景交融。

二、学情分析

七年级学生好动、好奇、好表现，因此，在教学中应采用形象生动、形式多样的教学方法和学生广泛地、积极主动参与的学习方式，去激发学生学习的兴趣。学生好动，注意力易分散，爱发表见解，希望得到老师的表扬，所以在教学中应抓住学生这一特点，发挥学生的积极主动性。

三、教学目标

会读会写"髻、镶、藻、储蓄"等字词，积累并背诵文中优美语句；理解分析文中描绘济南冬天美景的精妙语句，感悟景物描写中情景交融的写法并加以运用；培养学生热爱自然、敬畏自然的情感。

四、教学过程

（一）导语设计

"春有百花秋有月，夏有凉风冬有雪"同学们，祖国的大好河山数不尽唱不完，冬天，虽然没有春天迷人的花香鸟语，没有夏天壮观的雷鸣电闪，没有秋天诱人的丰硕果实，但它也有献给大自然皑皑白雪及含蓄的美。老舍在《济南的冬天》的姊妹篇《济南的秋天》里曾这样说过："上帝把夏天的艺术赐给瑞士，把春天赐给了西湖，秋和冬赐给了济南。"今天，我们就一起走进济南的冬天，去领略老舍先生笔下的济南冬天之美吧。

（二）多媒体展示作者及成就

说明：老舍是一位语言大师，在中国现代文学史上有着重要的地位，但是学生对此并不了解，设计此环节，目的是增加学生的文学常识积累。

（三）多媒体展示学生字词积累

此环节重在增加学生的字词积累的能力，同时教给学生学习方法，鼓励学生积累课外阅读词句和课前预习时分类积累词语，并在课上与大家交流共享。

（四）听读课文，整体感知

1. 听中想：学生闭上双眼，播放背景音乐《高山流水》，听读课文，边听边想象文中描绘的景色。

2. 听后说：请学生说一说：你看到了什么？

此环节设计意图：七年级的学生已具备了对具体文字或图像的想象能力，教材《济南的冬天》语言生动，提供了理想的想象空间，所以本环节通过学生的体会和感受来唤起他们对光、色、态的丰富联想和想象，然后把想象的内容再用自己的话进行叙述，又使表达能力得到了训练。

（五）精彩语段探究

1. 济南留给作者的突出感受是什么？

2. 作者是采用什么手法来表现这种感受的？

3. 作者具体描述了济南冬天的山景和水色，各抓住了景物什么特点？

设计第一个问题的目的是培养学生整体感知能力和在文中提取信息的能力，把握这个问题很关键，作者所描绘的各种景物，都围绕"温晴"的主题，用"温晴"的基调把全文统一起来；第二个问题能让学生学习写作技法；第三个问题既引导学生把握文章结构上的总分关系，又理解了文章内容，还初步感知了景物描写要抓特征的写作方法。

4. 鉴赏景物描写的美妙

如：你最喜欢哪段景物描写，说一说你喜欢它的原因：

此处教学环节让学生再次认真阅读文本，在阅读文本中感悟环境描写的美妙，让更多的学生来回答。多年的教学经验告诉我，学习叙事散文，学生能抓六要素，能分析人物描写方法，觉得有事可干，学习写景散文，往往是当时觉得文字也美，景物也美，就是过后什么也没抓住。在宗璞的《紫藤萝瀑布》和朱自清的《春》中，已学习了相关知识，在此注重知识的迁移与运用，用这种师生平等对话的形式，设计此精读环节，充分调动学生学习的热情，使学生在师生交流的和谐氛围中学到阅读写景散文的方法。

5. 品味遣词造句的精妙

（1）"济南的冬天是没有风声的"，去掉"声"字可不可以？为什么？

（2）"小山整把济南围了个圈，只有北边缺着点口儿，这一圈小山在冬天特别可爱，好像把济南放在小摇篮里，它们安静不动地低声地说：'你们放心吧，这儿准保暖和。'"这段话交代了济南"暖冬"的原因，如果换成下面的这段文字好不好，理由是什么？

在济南的南面，有著名的千佛山，它东接佛懋山，西连南马鞍山、四里山，层峦叠翠。形成了济南的天然屏障。这些山都很"小"，千佛山的主峰也只有海拔 285 米。

（3）"请闭上眼睛想：一个老城，有山有水，全在天底下晒着阳光，暖和安适地睡着，只等春风来把它们唤醒，这是不是个理想的境界？"这段话对冬天的济南做了全景式的描绘，改成下面一段话好不好，为什么？

"一个老城，有山有水有阳光，温暖如春，这是个理想的境界。"

设计本环节目的是让学生在细微处做深入研究，主要是学习老舍语言准确、生动、有感情的特点，尤其是第二个问题，可结合表达方式来体会文体特点。

（六）反思探究

学习了本文，你认为怎样才能把景色描写得这么动人呢？你有什么样的收获？让至少 1/3 的学生回答，设计本题意在引导学生对文章做总结。

（七）布置作业

1. 摘抄文中的精彩语句，积累语言材料，并背诵。

2. 课下搜集写"冬"的诗文。

新课标尤其提倡学生在初中阶段对文学作品的积累，因此，可以教学篇目为立足点，进一步开阔视野，为学生的成长铺设一道人文背景，提高阅读能力与审美品位。

五、教学反思

《济南的冬天》是老舍的散文名篇，篇幅短小，构思精巧，语言优美。学习这样的美文，既能让学生得到语文的滋养，又可得到审美的陶冶。在本课设计中，引导学生学习课文选取特别角度描绘冬天的方法，理清线索，理解作者是如何精心炼词造句的。赏析课文的意境美，丰富学生的体验。品读文中比喻和拟人写法的运用及其表达效果，培养学生的语言素养。鼓励学生搜集写"冬"的诗文，增加学生对文学作品的积累并学会运用，这样的教学就是灵动的。

《关雎》教学案例

一、教材选题：

人教版语文九下《诗经》两首其一《关雎》。

二、教材分析

诗歌，是一切文学作品的开路先锋。在人类社会出现文字之前，就已经有了口头创作的歌谣了。从有文字记载的第一部诗歌总集《诗经》起，发展到今天的自由诗历了两千多年。在这漫长的历史长河中，事实证明诗歌的起源和发展都与民歌有密切的联系。其实古典诗歌的创作表现手法与地方民间歌谣是相似的，只不过古典诗歌用词典雅含蓄一些，而民歌通俗直白一些罢了。为使民族民间文化得到传承，因此，教学本课可借学习诗经的创作表现手法来学习了解民歌，同时又借学习和传承民歌的意义来学习掌握《诗经》表现手法。

三、教学目标

学习"比兴"手法，激发学生热爱古典诗歌和民间山歌，并增强其热爱劳动人民和传承国粹与民族民间文化的意识；学习并运用《诗经》"赋、比、兴"创作表现手法，以及本课运用"比兴"和"反复"的表现手法。

四、教法设计

《关雎》的创作表现手法与地方民歌相同，结合学生实际，采用情景教学法教学本文

情境一：激趣探源。在课堂开讲之前，我首先向学生提出问题，激发学生跟随老师的思路去探访古诗源，从而了解诗歌的创作起源来自民间。

情境二：探究比较。即指导学生将《关雎》一诗的创作表现手法与地方民间山歌作比较，从而掌握民间山歌的创作表现手法。

情境三：趣味创作。在学生通过对《关雎》和民间山歌的创作表现手法有所了解之后，我把时间让给学生在课堂上搞即兴创作，要求运用比兴的表现手法。

五、教学过程

（一）激趣导入，探究访源

为了让学生能迅速进入诗的境界，首先用探讨式的方法导入，如让学生背诵唐诗、讲述诗歌的来源；其次提出学习任务和探究问题，如：今天我们学习的内容，就是要解开诗歌起源之谜，让我们一起踏上探讨古诗源的旅行吧。

此环节主要是激发学生的求知欲望，然后进一步引导学生了解有关文本的文学常识，如：我国第一部诗歌总集的名称是什么？它收录的是哪个时代的作品？距现在有多少年？一共收录了多少篇诗歌？这些诗歌是怎么分类的？这些诗的作者是谁？为什么？

提出问题后，引导学生深入思考和讨论解决老师的提问，整体了解诗歌的源头。

此外，教师引导学生讲述诗歌的起源与民歌有密切的关系，因为一切文学艺术都起源于人类的生产劳动，都是人们在生产劳动中创造出来的。早在原始社会虞、夏以前，诗歌就已经产生了。由此可知诗歌起源于民歌，我国最早的诗歌是一首反映原始社会生活的歌谣："断竹，续竹，飞土，逐宍"。歌词大意是："砍来青青竹，制成弓和箭。打猎尘土扬，逐兽如闪电。"这样，激发学生对民歌产生兴趣。

（二）品味阅读，感知表现手法

首先是读诗。通过教师范读、学生自读的过程，要求达到读准字音、读出节奏。其次是悟诗。在自读几遍后要求学生自己看注释，理解重点词的意思，老师提示重点词语，让学生能读懂诗意。最后是品诗。主要是品味诗歌运用多种表现手法。《诗经》所采用的创作表现手法是"赋、比、兴"。"赋"就是陈述铺叙的意思；"比"就是"以彼物比此物也"，即比喻；"兴"是"先言他物，以引起所咏之词也"。可让学生先找出反复、双声、叠韵的句子，如："窈窕"是叠韵，"参差"是双声，"辗转"既是双声又是叠韵，"关关雎鸠""窈窕淑女""悠哉悠哉"是反复，再找出"比兴"的句子，如每一节诗的开头两句"关关雎鸠，在河之洲""参差荇菜，左右流之""参差荇菜，左右采之""参差荇菜，左右芼之"。这些诗句好像与后面的"窈窕淑女，君子好逑""窈窕淑女，寤寐求之""窈窕淑女，琴瑟友之""窈窕淑女，钟鼓乐之"毫无关系，但它主要是把后面这些男女爱情具体表象引出来，也就是起到抛砖引玉的作用。为什么全诗朗朗上口，和谐悦耳，意境深远，意味无穷？因为这首诗里运用了反复、双声、叠韵等多种手法和"比兴"的表现手法。

（三）走入民歌，激发情趣

向学生举例和讲述地方民间山歌运用比、兴的创作手法。如：有关谦虚的"火烧长葱没冒烟，好马过河没用牵。你唱十首都容易，我唱一首没会编"等，前两句都是用作比兴的句子，而后两句才是歌者要唱的内容；又如：有关友情的有"黄金不比姊妹贵，牡丹不比竹节梅；金鸡不像凤凰样，有钱难买姊妹陪"都是采用比兴的方式起唱。让学生在家收集本地方民歌来交流，用这些民间山歌与诗经中的《关雎》一诗作比较，说出它们的相似点，激发学生的探究情趣。

（四）学以致用，趣味创作

通过对诗经和民歌的学习了解，学生懂得和掌握了"比兴"的创作表现手法之后，让学生临场发挥，即兴创作，以展示自己的才华。如：一张白纸糊窗缝，毛风细雨吹没通，姊妹常在要常走，勤走姊妹做威风；我们都是亲姊妹，一年更比一年浓，想姊想姊拿心想，时时相闯在梦中，都讲我们是姊妹，一个没嫌一个穷。

（五）作业布置，强化巩固

为了使学生能把所掌握的"比兴"手法进一步巩固，并能运用到实践中去，课后作业布置如下：

1. 课后阅读第二首《蒹葭》，请找出有关运用"比兴"的诗句；
2. 请采用"比兴"的表现手法创作1—2地方首民间山歌。

六、教学反思

作为我国第一部诗歌总集的《诗经》，其特点主要是采用"赋比兴"的表现手法。那么在本课中最突出体现的是"比兴"的手法，而地方民间山歌也具有这样的表现手法。因此，教学本课主要是与民族民间文化结合起来，激发学生的创作激情，通过学习了解《诗经》到走入民歌，学生不仅感受到了诗经的古韵幽香，更感受到了民间原生态文化——山歌的魅力所在。

第五编
有效复习，温故知新
——农村基础教育复习方法探究

"温故"，就是要不断梳理整合所学过的知识，查缺补漏；"知新"，就是要进一步深化所学，不断提升能力，学以致用，所以复习教学是学生知识巩固加深提炼升华的教学，是学生知识升华的关键，同时也是检验教师教学智慧和教学技能的试金石。

教学、批改、考试、辅导、教研是学校的常规工作，其中教学质量是一所学校办学的生命线，也是每学年教育部门考核学校教师的一项重要指标。每学期临近期末考试时，老师们都会抓紧时间组织复习，但只有有效的复习方法才会帮助学生系统掌握一学期来所学的知识，才会使其温故知新，也才会将所学知识展示在每学期的满意答卷上，有力提升农村学校的考试成绩和教学质量。

农村学校中考语文有效性复习的一些方法

孔子说："温故而知新，可以为师矣。"复习是为了引导学生回忆、巩固所学知识，将所学过的知识进行回顾、整理、归纳、总结，达到加深理解、查缺补漏、灵活运用的目的。那么，农村学校怎样抓好中考语文的有效性复习呢？

中考是中国重要的考试之一，既是检验学生基础知识好坏的标尺，又是学生学习生涯的一个重要转折点，直接决定着学生升入高中后的学习质量，对高考成绩有着非常重大的影响。而语文是一切学科之首，那么，如何引导农村学生将初中的所有语文知识进行有效的系统复习归纳，让语文知识深刻地印在学生的血液里，有效提升学生的语文素养，带动学其他学科基础知识的提高呢？

一、精神激励，明确目标，厚积跬步，以至千里

俗话说"山高有攀头，路远有奔头"。朱熹认为一个人要求学，必须先"立志"，"立志不定，如何读书"。所以初三开学的第一周，我用心辅导学生开展"名人成才""身边的感动"故事演讲比赛，要求每一个学生都以不同的故事精心准备逐个上台演讲，让学生在几十个鲜活动人的名人故事中得到精神鼓舞和启发，树立学习志向。

另外，我启发学生查找省内外知名大学及人物图片、事迹来交流欣赏，并利用这些图片装点教室，创设浓浓的理想氛围激发学生的学习动力。然后让学生根据初二学年的考试分数，分析利弊得失，明确更高的中考目标分值，并把中考分值张贴在黑板墙的竞争栏上，时时看到提醒，永不松懈地努力，厚积跬步，以至千里。

二、方法灵活，熟透文本，归类整合，技能提升

玛丽琳说："热情＋远见＋行动＝成功。"树立学生学习志向，确定目标后，我引导学生带着激情回归到文本，进行各块知识归类整合复习行动，提升学生的语文素养和运用语文知识的技能，确保中考复习效率。

1. 读准、写准、用准生字词

新课标要求："初中生累计认识常用汉字 3500 个，其中 3000 个左右会写。"可见字词复习之重要，对生字词复习，我坚持以课文为本，初中每篇课文后的字词和课文下字词的拼音、注释，我都有计划地与学生一起勾画、正音（要求在生字词上都注音）、读准之后，挑选六位同学分别把初中所有课文的生字词按一至六册顺序汇总成试卷形式，如需要记住字音的就看注音，字形重要的就看拼音写汉字。

这样大约要三张 8 开纸，就可以把所有初中课文的字词整合在一起。俗话说"好记性不如烂笔头"，字词试卷整理好后，要求学生正音读完一册就用心记、动手写完一册。在回归课本扎实牢记的基础上，收集近几年中考试卷有关字词的题型汇总进行检测，对易错字形、字音再次纠正检查巩固，这样所有的字词就复习透了，既完成了大纲的要求，又提高了中考复习有效性。

2. 分门别类集古诗、颂古诗、写古诗

对古诗文复习，我把初中语文课本上所有的古诗文按照"春秋—战国—汉—魏晋—南北朝—隋唐—宋—元—明—清—现代"的历史顺序和根据诗文内容的不同，引导学生用 A4 纸分组归类编辑。

全班同学分组编辑好课文中的古诗文册子后，在班上举办诗文集展览，要求每个小组长对所编的诗文集进行解说，然后每位学生把各组分门别类编辑的古诗文按顺序各自汇总成一本，勾画出每首诗文中各句的重点字（抓住重点字背诵，默写时才不易出错），再根据每句重点字的提示系统地背熟背透后举行诗文朗诵比赛，方法有抽签背诵，如按"春花雪月""引经据典""离情别绪""春秋时期"等内容，抽什么内容，就即刻背出有关内容的诗篇；或以组为单位进行诗句接龙背诵等，要求把握节奏，诵出诗味，并评奖激励。在学生分门别类集古诗、颂古诗的基础上，发动学生收集归纳近几年中考试卷上所有古诗文内容的题型进行默写测试。

苏霍姆林斯基说："让学生体验到一种自己亲身参与掌握知识的情感，乃是唤起少年特有的对知识兴趣的重要条件。"对诗文的复习我采取让学生亲自集古诗、颂古诗、写古诗的方法，让学生体验到参与和成功的快乐，自然复习效果就好。

3. 疏通吃透各种文体知识点，反复训练重点课文片段，提高课外阅读理解能力

中考的各项阅读理解试题是根据课程标准要求设计的。对阅读复习，我先认真研读初中《语文新课程标准》，把握好考点，再以课文为本，按散文、记叙、小说、说明、议论等文体把初中所有课文进行分类，理清每类课文所涉及的知识点。

如对说明文一类课文的复习阅读理解，先以组为单位，让学生去理清说明文的知识点，用竞赛形式到台前讲解，抓住说明对象、说明顺序、说明方法等要

点，讲清说明方法及作用，如分类别的作用是可以将复杂的事物说清楚，举例子可以使内容具体、加强说服力，打比方的说明方法可以突出事物的性状特点，增强说明的形象性和生动性等。

把每种文体的知识点弄清楚后，就同类文体的课文按一至六册的顺序分任务给学生，从中考复习资料库中找到与这类课文重点语段有关的题目，拟成试卷，让学生做练习，学生在做各类练习的过程中，教会学生运用知识点答题的方法和技巧并形成习惯。

如教会学生阅读答题的步骤为，第一步通读全篇，大致了解，第二步审清题意，回读原文，第三步理清要点，认真答题。

再如概括文章主旨的这类题目，教会学生在答题之前一定要看透全文，然后用关键词来回答："通过……故事，歌颂（赞美）了……表达了作者……的思想感情，揭示了……的深刻道理。"

又如阅读中遇到"赏析"类题目，教会学生从修辞手法、写作方法以及句式等几个方面思考，如用了比喻的修辞，可套用"此句用了比喻的修辞手法，把……比作……，生动形象地写出了……，表达了作者……的情感"的句式回答。

当学生把课本上的内容利用各类语文知识点一课课熟练运用好后，拿几套课外的短文来进行阅读检测提升，这样到中考时学生无论做课内还是课外的短文阅读，就会做得很好。

4. 培养学生良好的写作素养，提高学生的写作能力

古人云："不积跬步，无以至千里；不积细流，无以成江海。"提高学生写作能力，我采用的方法一是以学生座位号为序围绕如立志、求知、爱国、挫折、友谊、责任等话题为内容搞好成语接龙、名言背诵、美文欣赏等课前活动，鞭策学生养成倾听和积累习惯。二是指导学生利用下课时间有计划地听音乐、背歌词。三是让学生收集摘抄小学、初中所有课文古诗词和名段名篇，利用早自修时间反复朗读背诵。四是注重课余阅读积累，做好摘抄笔记。在教室后开辟"我读书，我快乐"的学生论坛，让学生把自己读书的感受、精妙语段贴在留言处，大家欣赏，激发学生看书和写作的动力。五是要求学生常摘录电视或街道村庄的各种广告词，电视晚会中的台词，摘录家家户户的对联来交流欣赏。让学生观察感悟日常生活中所遇到的人和事，培养学生观察和思考的能力，在实践中积累生活经验和写作素材。

学生的积累丰富后，一个月举行一次名言名句、成语、歌词默写比赛。然后搞好作文讲座，鼓励学生在作文训练中恰当地运用所积累的诗词歌赋、名言佳句来滋润文章色彩，并做好作文奖评，做到"勤""真""实"，教会学生运用平时积累的材料变成写作时信手拈来的"源头活水"。这样学生写作能力得以提高，

中考成绩自然优异。

至于仿句、综合性学习方面的知识，我是在每节课前活动中形成习惯变成技能来复习。

三、狠抓写字教学，培养学生的综合素养，答题的规范

多数学生成绩不好的原因之一是卷面字迹不清，那就要教会学生写好字。我采取的办法是"永"八法，从点、横、竖、撇、捺、折、钩等的写法到字的间架结构，从写字的握笔方法到写字坐姿等做到科学规范，另外向学生灌输"字如其人""字是人的第二张脸，我们不能改变相貌，但可以改变字貌"等思想，让学生明白写字的重要性。

孔子说："知之者不如好之者，好之者不如乐之者。"因此我常举行古今书法家故事讲座，定期有序地进行硬笔书法比赛活动来激发学生兴趣，持之以恒地练习书法，要求学生用练习书法的感觉去做好每次作业和试卷，让练习书法成为答题习惯，这样中考卷面就整洁干净，效果就好。

四、结语

以上是我多年中考灵活有效复习的一些体会，也取得许多成效，如连续四年所任教的中考语文成绩居黔东南州同级同科第一名，担任班主任的班级各科总分在中考中都获得全县第一名。但教无定法，我希望把自己的方法拟写出来后，得到领导专家、同仁们的批评指正，多向大家学习，使自己在农村基础教育事业上取得更多的成绩。

农村初中语文有效性复习方法与策略研究

一、主体部分

（一）研究问题

1. 研究目的

（1）挖掘学生潜能

通过有效性复习研究，使学生全面、系统地掌握初中语文基本知识，掌握有效的阅读理解方法，培养学生学会归纳和综合运用语文知识的感悟、组织、表达的能力和素养，提高学生学习能力和学习效率，在培养学生收集处理信息的过程中，引导学生资助构建复习巩固系统的知识体系，学会系统把握知识、运用知识的能力和信息处理的能力，挖掘不同层次学生的潜能。

（2）激发学生兴趣

通过有效性复习研究，关注学生在复习阶段的心理状况，充分让学生在灵活多样的复习教学中享受到学习的快乐，激发学生乐于学习、主动参与的热情，让学生在学习中产生积极的求知欲望，从而提高学生对语文复习的兴趣。

（3）提升教师业务能力

新课改对语文复习提出了新要求，复习成为学生进一步理解、掌握、巩固和运用所学知识的系统过程，这就要求教师必须具有效复习教学的理念、拥有有效复习的方法与策略，因此通过有效性复习研究，促使教师不断学习，不断更新教育观念，适应现代社会的发展，不断提高教师的业务能力。

2. 研究意义

国家《基础教育课程改革纲要》指出：改变课程过于注重知识传授的倾向，强调形成积极主动的学习态度，使获得基础知识与基本技能的过程同时成为学会学习和形成正确价值观的过程。孔子说"温故而知新，可以为师矣"，所谓"温故"，是要不断梳理整合所学过的知识，查缺补漏；"知新"，是要进一步深化所学，不断提升能力，学以致用。所以复习教学是学生知识巩固加深提炼升华的教学，是学生知识升华的关键，同时也是检验教师教学智慧和教学技能的试金石。

但是新课改下的语文教学还存在许多值得深思的问题，特别是语文复习教学，在目前教育机制的评价之下，因复习教学直接影响教学成绩，多数教师注重复习教学的功利性，在复习教学过程中谨小慎微，纠缠于地毯式的一课一课重点难点的讲解，忽视了对整体知识科学合理的梳理和构建知识体系、忽视了学生体验式学习和健康快乐的发展。

因此，本文的意义在于：从语文基础知识复习、阅读教学复习、作文教学复习中找到提高语初中语文有效性复习方法与策略，即是在整个初中语文复习中基本采用"引导归纳—分类整理—演练展示—运用提升"的方法贯穿于复习教学之中，在这复习过程中关注学生听说读写的协调发展，注重学生"耳目口手体"的能力培养，引导学生把平时相对独立的知识、带有规律性的知识，通过归纳、整理、再现、演练、运用等方法使之系统化、条理化，培养学生语文知识的运用能力、迁移能力、归纳汇总的思辨能力，从而在提高初中语文教育教学质量和成绩的同时，减轻学生学习负担，关注学生心理健康，上活语文复习教学，重视学生发展前景，促进师生的共同发展。

3. 研究假设

初中语文新课程标准（最新修订版）指出："语文教学应在师生平等对话的过程中进行，学生是语文学习的主人。语文教学应激发学生的学习兴趣，注重培养学生自主学习的意识和习惯，为学生创设良好的自主学习情境。自主合作探究的学习方式与有意义的接受性学习相辅相成。应尊重学生的个体差异，鼓励学生选择适合自己的学习方式。"因此，农村初中语文复习有效性的方法和策略研究，希望能找到语文教学中诸如生字词、综合训练、修辞方法、诗词欣赏、口语交际、写作训练等一系列知识的有效复习方法与策略，能关注到每一个学生，激发唤醒学生的感知能力和学习动力，感受语文世界的美妙、让学生获得美的熏陶，同时教师与学生共同发展的同时享受到职业幸福感。

4. 核心概念

"复习"就是对已学过的知识进行再现和回顾。

"有效性复习"是指进一步理清学习思路，强化和巩固记忆痕迹、全面把握知识，构建知识网络，提高学习能力的一种有效方式。语文复习教学是指在阶段性的教学之后，归纳旧知识的核心内容，拓展语文学习的领域，促进学生综合能力的发展。

"方法"是指教师在复习过程中使用的教学方法及学生在复习过程中掌握的学习方法。体现了师生双向互动的特点。

"策略"是指教师根据具体情况，运用新理念去解决课题实施过程中实际问题的方略。也是教师在实施方法的过程中，掌握规律，形成一定的策略，从而更加自主、合理、灵活地解决复习中的问题，提高学生的学习能力。

（二）研究程序

1. 研究设计

广泛阅读有关语文教学、复习教学的相关理论文章，拓展知识视野，然后结合平时教研交流了解复习教学实情，课题组经过甄别分析、确定课题研究内容。

根据本地区初中语文复习教学情况，课题组教师明确课题研究的班级、年级、做好相关数据收集存档。然后制定研究计划目标，根据计划目标开展行动研究、在研究过程中，不断总结经验，不断调整方法、提炼策略、最后收集汇总。

具体步骤：

一是成立课题组，明确研究方向，搞好研究成员的职责分工；深入学校对大多数教师学生进行调查、走访，详细了解在初中语文复习过程中存在的弊端和需要解决的问题，认真学习相关的语文复习理论和实践经验，为课题研究制定具体的实施计划。

二是针对调查和学习的内容，进行深入细致的思考，在此过程中，多次开展研讨活动、集思广益，实践总结、提炼出可行的复习有效性策略，在反复揣摩中明确具体的操作步骤和研究方法。

三是重点将总结、提炼出来的具体操作步骤和研究方法落实到实际的语文复习教学中，在具体操作中不断反思、提炼，探究出更有效的复习方法与策略。

四是将研究的内容进行归类整理，形成研究成果。撰写结题报告，请专家鉴定课题。

2. 研究对象及内容

（1）研究对象

本地农村地区的语文复习教学师生表现及教学情况。通过让学生分类归纳整理语文基础知识、阅读知识、作文素材积累，培养学生系统信息处理能力；发展学生独立探究和合作精神；激活学生知识储备，联系生活体验大容量运用知识的能力；促进教师专业发展。

（2）研究内容

本地区初中语文复习现状调查；

初中语文有效性复习的方法与策略研究；

初中语文基础知识复习教学、阅读复习教学、作文复习教学方法的教学流程研究；

学生与教师在有效性复习中的能力提高与发展研究。

3. 研究方法

调查法：通过问卷调查和走访调查两种方式了解目前初中语文复习现状。统计分析存在的弊端，确定研究目标和有效性复习方法与策略。

行动研究法：在研究过程中紧密结合语文复习有效性方法的教学实际，边实践边探索，边思考归纳，总结出切实有效的复习方法。

文献研究法：从教育论著、报纸、网络上查阅与本课题研究相关的资料，了解学习吸收他人的研究成果，并从理论上做深入分析探讨，明确本课题研究的价值。

经验总结法：在有效复习的基础上，总结归纳提升到理论高度，写出经验性论文或研究报告，以此有效指导复习的实践活动。

4. 技术路线

重视情商教育，激发学生学习热情。注重教师引导归纳，学生分类整理、演练展示、运用提升的流程进行复习教学，在此过程中，培养学生自主、互助、交流的能力，多渠道激发学生情感。如：举行国内外各地名牌大学校园风光图片展览会；开展名人成才故事、我的理想等演讲比赛活动；我心中的秘密对你说和心理健康疏导讲座等活动，对学生进行情商感化教育，点燃学生学习激情，鼓励学生在语文活动中明确目标，用目标及和谐的同学关系作为复习不竭的动力源泉。

采用分小组竞赛、每日积累盘点、每日十分钟小检测、归类整理、派对游戏等多形式，保证学生在充满竞争却又轻松愉快的氛围中完成对字词音形义、词语运用、病句判断修改、文学常识、古诗文的默写等语文基础知识的复习。如进行分门别类集古诗、颂古诗、写古诗；收集广告语、对联，进行背诵默写比赛等。

采用多角度朗读文段方法、提炼阅读理解方法、抓重点词句分析方法、归类迁移方法等引导完成对语文阅读语段的理解分析，形式多样的阅读理解复习形式能消除学生对此类题目的畏惧心理，引发其阅读兴趣，有利于提高其阅读理解能力。

持之以恒进行美文欣赏及作文讲座活动。每周安排读书活动时间，引导学生进行美文阅读，摘抄精美文段，推荐美文欣赏，制作读书卡片；定期进行各类文体的作文讲座，培养学生写作意识，提高学生的写作能力；设置情景，激发学生创作灵感；开展作文比赛，举办优秀作文展，激发学生写作兴趣；课前3分钟的唱歌记歌词等活动，积累写作素材；进行学生间作文互评等。

加强学生练习书法，在帮助学生提高写字水平的同时，用每天练习的书法思想去认真做好每次作业卷和答题规范训练。

强健学生体质。每天利用课间活动时间有计划组织学生进行跑步、跳绳、掷球等体育活动训练，加强学生体质，确保学生充满旺盛的精力迎接复习。

通过这些在学校现有条件下能做可做的活动激发学生好学乐学的兴趣，提高语文复习的有效性。

（三）研究发现或结论

《初中语文有效性复习方法与策略研究》课题组根据研究目标，不断学习—

实践—研讨—学习—实践的过程，经过两年多的实践研究，有了一定的发现。

1. 学生层面

（1）学生主体性得到充分的发挥

华东师大教授叶澜说："没有学生的主动性，教育就可能蜕变为'驯兽式'的活动。"智商再高的儿童，当他的求知探索的冲动一旦泯灭于最富想象联想的年龄段，这个人一生发展也就有限了，而一个国家，当它的国民的创造性探索精神普遍消失于学生时代，那么这个国家的发展就必然充满危机。所以在复习有效性研究的过程中，我们小心有效地做好引导归纳、分类收集、展示演练、运用提升的过程中，激发了学生学习语文的积极性，学生思维能力得到提高，深层次地挖掘了学生的潜力。如龙昌平同学说："通过游戏检测方法，使我们对知识的了解更深刻，对知识的运用把握更牢固了，也使我爱上了语文。"通过课题研究实验结果体现，学生在作业或期末考试中，答题能力得到很大提升，卷面干净整洁成绩优异，使学生的主体作用充分发挥出来。

学生获得亲身参与研究探索的积极情感体验，逐步形成一种在日常学习中喜爱质疑、乐于探究、努力求知的积极心理。

（2）发展了学生独立探究和合作学习的精神

通过研究发现，学生团结协作的能力得到提高，也促进增进学生之间的感情，使学生的心灵得到美好情感的滋润，向往美好的情境，关心自然和生命，对感兴趣的人物和事件有自己的感受和想法，并乐于与人交流。如赵欢同学说："老师创办了自主互助的学习方法，我和同学一起整理，这样多人合作的学习效率对我的提升很大，而且省时省力，并且多人思维全面开放，我们比以前更团结了，我们这样做知识也不会错乱，而且加深记忆，这个过程让我们更懂得了团结协作的好处，同学之间的友谊会升温。"

（3）学生信息处理能力提升

通过研究锻炼了学生学会对知识整合归纳的能力，提高了学生的综合素质，学生在分组整理过程中，锻炼了学生综合归纳知识的能力，如学生在演讲比赛、作文竞赛、书法比赛、手抄报比赛等方面都获得了许多良好的成绩，在这过程中养成了良好的学习习惯。

2. 教师层面

（1）教师看书学习的意识增强了，丰富了知识底蕴，提高了教学能力

通过研究发现，为了提高研究能力，教师能自发地、主动地借书看，并在网络上浏览初中语文复习教学的相关内容，并勤于笔记、撰写读书心得 1 万多字。提高了教师的教学理论水平、拓展了知识视野、丰富了教师的文化内涵，在研究过程中，我们注重理论知识的学习，我们看了如苏霍姆林斯基的《给教师的建

议》、于漪的《我和语文教学》、魏书生《教学工作漫谈》等书籍，认真研读《初中语文课程标准》，在网络上大量阅读初中语文有效性复习方法的文章，有机会外出参加培训等，提高了课题组教师的知识视野，丰富了知识底蕴提高了教学能力。

（2）找到了初中语文的有效复习方法，获得成就感，感受到教师的快乐

通过初中语文有效性复习方法和策略研究，找到了"引导归纳、分类收集、演练展示、运用提升"的四步教学法，有效的攻克了历年来语文复习的不足，调动了学生的学习积极性、使复习教学有序有效地进行，让教师从繁重的事务中解脱出来，感受到教师的职业快乐。

（3）营造了科研氛围，提高了教师科研能力和水平

在研究过程实践中，课题组教师求真务实的研究，对同事同学科教师都起到很好的辐射引领作用，大家共同分享研究所得，促进和提高了教学质量。如本课题研究的几位教师教学成绩连续获全县第一、二名，并且每个学期教学成绩超出县人均分 20 分以上，并在全县中考经验交流会上作主要发言，课题负责人到凯里学院对全州语文教师提高班进行中考复习交流讲座，到黎平、丹寨去上示范课，被评为县管专家等，有效地促进了教师的专业发展。

3. 学校层面

通过课题研究，在学校形成了良好的科研氛围，课题研究的复习方法和策略能得到语文教师的认同，并积极运用，有效提高学校的语文教学成绩，并且在浓浓的科研氛围中，同事之间、学生之间关系融洽、感受到集体的温暖，丰富了学校的内涵并促进发展。同时使学校在每次期末考试中各年级的语文教学成绩都是全县第一名，且遥遥领先于其他学校。

（四）分析和讨论

1. 有许多困惑不足

因工作繁杂，课题组成员的工作量都很重，虽然在实践中做得较多，但对课题的理论研究还不够深入。另外，教师还需要学习大量的知识，静下心来思考的时间还很少，导致课题研究的范围狭窄，沉淀的东西浅薄。在使学生得到优秀文化的熏陶感染，提高学生的思想道德修养和审美情趣，使他们形成良好的个性和健全的人格，与其他学科融合和现代科技手段的运用上都还做得不够，都还需要加强。

2. 有研究特色

《初中语文有效性复习方法与策略研究》课题研究主要特色体现在三个方面。一是研究立足于教学第一线，研究的内容和方法具有可操作的实际意义、具有可操作性。二是针对现有教师在语文复习教学进行如实的调查了解分析，找到了语

文复习教学中存在的弊病，此研究出的结果对提高教师语文复习有效性具有切实可行的指导作用。三是培养了学生学习兴趣、充分发挥学生的能动作用，促使学生身心得到良好健康的发展，让教师从繁杂的课堂教学中解放出来，能有效提高教育教学质量。

3. 具有学术价值

《初中语文新课程标准》的理念是积极倡导自主、合作、探究的学习方式，学生是学习和发展的主体。语文课程必须根据学生身心发展和语文学习的特点，关注学生的个体差异和不同的学习需求，爱护学生的好奇心、求知欲，充分激发学生的主动意识和进取精神，倡导自主、合作、探究的学习方式。教学内容的确定，教学方法的选择，评价方式的设计，都应有助于这种学习方式的形成。我们采用"自主、合作、激趣"的策略和"引导归纳—分类收集—演练展示—运用提升"四步复习法，在每一步专题复习中，都能充分发挥学生的主动意识和进取精神，在每一次知识归纳和成果展示中，能锻炼学生动手、动脑的能力和表达能力，真正达到学生提高、教师减负的双赢目的，值得推广和借鉴。

（五）建议

让理论跟上实践，在繁重的工作之余，好读书、读好书。

积极探索常态化的语文有效复习教学。

扎根于现实的土壤，以学生为本。

从师生发展的实际出发，在不断研究实践的基础上进一步探索出初中语文复习的更多更好的有效策略和方法去推广，让大家一起实现高效的复习教学。

二、主要成果

围绕课题研究目标，课题组共开展 24 次研讨活动，撰写读书笔记一万多字，撰写研修日志一万多字，集体进行理论学习 8 次，部分成员参加了北京师范大学、华东师范大学、北京干部管理学院、即墨 28 中和谐互助课堂教学模式、全国名师工作室博览会等培训，注重在实践过程中对初中语文复习有效复习方法和策略不断进行探索研究，取得了一定成果。

1. 理论性成果

（1）提炼出了初中语文有效性复习策略

根据《基础教育课程改革纲要》中"改变课程实施过于强调接受学习、死记硬背、机械训练的现状，倡导学生主动参与、乐于探究、勤于动手，培养学生搜集和处理信息的能力、获取新知识的能力、分析和解决问题的能力以及交流与合作的能力"的精神，《初中语文有效性复习方法与策略研究》的课题研究，注重语文工具性作用，培养学生在自主、合作、探究中赢得兴趣，在师生互动的良好氛围中获得知识，研究出了以学生"自主、合作、激趣"为主的复习策略，在复习的每一节课中做到如巧用小资料、挂图、知识抢答、鼓励质疑等方法激发学生求知欲来"优化课堂、激发兴趣"，或者精心整合、渗透教学，或者以本为纲、提升能力。

（2）研究出了"引导归纳—分类收集—演练展示—运用提升"四步复习法

在现实生活中，存在着这样一种现象，有的学生小学时学习成绩很好，一到了中学学习就感到困难，这在很大程度上是因为没有学会学习思维，特别是归纳思维。而对中学知识的理解与掌握，一刻也离不开归纳思维，其优点在于能起到更快地记忆、理解作用。基于此，我们将复习的第一步拟为引导归纳。

随着中考时间一天天地临近，为了让学生能够在中考时交上满意的答卷，很多教师都争分夺秒地利用时间，使尽浑身解数，不遗余力地进行全方位的复习，有的翻出所有教材，从头至尾滔滔不绝讲过没完，生怕漏掉了某一个知识细节，复习课成了地地道道的新课；有的找来各种复习资料，让学生从早到晚做个没完，复习课成了不折不扣的练习课；有的虽能讲练结合，但由于过分注重面面俱到，常常顾此失彼，效果不好。因此在复习中，我们引导学生将语文复习知识点进行分类收集，形成系统的知识体系，这是我们复习环节中第二步——分类收集。

教学过程是学生的认识过程，只有学生积极地参与教学活动，才能达到良好的效果。而演练展示，是课堂教学活动中的重要环节，是学生的一项特殊的学习实践活动，是教师获得信息激发学生学习兴趣的极好途径。但是，目前本地区的初中语文复习教学，演练展示非常薄弱，枯燥无味。

因此，我课题组认为，复习课应以学生为主体，注重学生在自主合作展示演练中培养学生的能力，我们复习的第三步也就是演练展示。

如果在学校里听语文老师讲课是学习语文，那么在生活中说的每一句话就是对语文的实践，也就是应用语文。在生活中，如果不会灵活应用语文，善用语文，生活将会变得平淡无味，就不能变得多姿多彩，这就是我们复习教学中的最后一个流程——运用提升。

基于以上的理论基础，《初中语文有效性复习方法与策略研究》课题，课题组采取以学生"自主、合作、激趣为主要策略"，通过全体成员共同实践研究提炼出了"引导归纳—分类收集—演练展示—运用提升"四步复习教学方法，这四步复习教学方法，能有效地完成初中语文复习教学任务，特别是中考语文复习的基础知识复习教学、阅读复习教学、作文复习教学任务，并取得很好的教学效果和成绩。

"引导归纳—分类收集—演练展示—运用提升"四步复习教学法的操作流程是在初中语文复习中，把复习教学分为基础知识复习教学、阅读复习教学、作文复习教学三大整合复习专题，在复习每一个专题时，教师认真研读《初中语文新课程标准》后，根据课程标准要求，引导学生回忆再现平时上课掌握的知识，归纳出每一专题的知识点和解题技巧，然后学生再把各专题的知识点分组分类进行收集，编辑成册，形成班级语文复习资源库，在自主、合作、激趣策略的指导下，或以竞赛展示、游戏接力等激趣活动开展知识巩固训练，在各专题知识分类收集、演练展示复习巩固的基础上，指导学生结合复习内容自制试卷并拟出试题答案，交换练习，或是教师根据各个专题内容要求，精选出的试题试卷进行练习或检测来加以运用提升。当几个专题采用引导归纳、分类复习、演练展示、运用提升扎实牢固地整合知识后，再精选中考试题进行综合性的阶段性检测或模拟考试，掌握学生运用提升的情况，又再查缺补漏，直至达到熟练运用知识和提升能力。

（3）找到基础知识复习教学、阅读教学、作文教学的有效教学方法

①阅读复习教学方法与策略：复习方法同样采取"四步复习法"，首先教师引导归纳记叙文、议论文、散文、说明文等不同文体要掌握的知识点，然后分组分类去寻找课本中各种文体的知识点及考点例子，如说明文中的各种说明方法，学生分别在课文中找出举例子、作比较、打比方的说明方法分别出自的课文、句子、作用等进行归类编辑的说明方法复习集，又如小说中人物形象的归纳、插叙段落的归纳、环境描写语段收集等都编辑成集子，然后在班上进行展示比赛，如进行身体背后贴题，学生抢答的游戏激发兴趣的活动进行复习，因为是学生自主收集交流更正得到的知识，巩固形式有趣有效，所以学生对知识的掌握就很牢固且记忆深刻，在学生已经归纳的知识点和阅读技巧、答题技巧的指导下，教师指导学生，或者由教师精选有代表性习题供学生练习。训练结果的订正方法，可以先提供答案，学生交流理解批改，提出困惑进行交流，然后完成阅读训练复习任务后再利用课外阅读题来运用提升。

②作文复习教学方法与策略：古人云："积沙成塔，集腋成裘""不积跬步，无以至千里；不积细流，无以成江海"，关于作文教学，重在学生平时收集名人资料并与其交朋友，摘抄背诵精美文段、制作阅读卡片、撰写阅读心得、开展课前积累名言诗词、假期摘抄广告语对联等活动、教会学生互批互评作文等语文的素材积累和语文素养训练上，有效地进行作文复习教学，作文复习教学同样采用"四步复习法"，

首先引导学生归纳出作文的类型，按照内容分为励志类的有青春、梦想、追求、奋斗等主题，情感类的有感恩、关爱、亲情、友情、宽容、理解等主题，自然类的有环保、热爱自然、保护动物等主题，按照文体可分为重在形象思维、记叙描写的记叙文，重在说明事物事理的说明文，重在逻辑思维、说理议论的议

论文。

　　然后以组的形式对课文进行主题或体裁分类，形成素材网络，最后让学生把归类的素材自制成卡片或美文介绍，在班上互相欣赏交流展示。这样采用自主合作激趣的策略，灵活地锻炼学生积累大量的语文资源，并在整个初中语文课本分门别类地清晰掌握基础上，举行"满分作文讲座"，指导学生巧用积累的素材，结合各种篇目的课文写法，教会学生作文时要做到"立意深邃高远、材料新颖动人、语言靓丽生辉、形式摇曳多姿"的各种方法，如写有关母亲的话题作文，引导学生回忆与母亲有关的课文学过哪些？怎么写的？有关母亲的诗歌有哪些？名言有哪些？歌词有哪些？在我们看的名著或作文中有哪些写过母爱？在生活中观察体会到母爱的动人故事有哪些等，让学生先回忆交流，然后再围绕构思筛选最能突出所写作文的中心素材，构思好文章层次，引导学生把"说"和"写"联系起来，鼓励学生在作文中恰当地运用平时所积累的诗词歌赋、名言佳句来滋润文章色彩并做好作文奖评，为写得好的作文喝彩。要求学生写作中做到"勤""真""实"，培养学生学会迁移运用平时积累的材料，变成写作时信手拈来的"源头活水"。达到作文复习教学的有效性。

　　（4）找到提升学生书写能力的方法，培养学生严谨认真的学习习惯

　　叶圣陶先生说："什么是教育，简单一句话，就是养成良好的习惯。"在采用"自主、互助、创新、激趣"为主要策略，运用"引导归纳—分类收集—演练展示—运用提升"四步语文复习教学方法提高复习有效性的过程中，还要持之以恒地培养学生认真有效地书写的习惯，首先让学生在欣赏名家名帖的过程中了解名人名家故事，树立理想，激起学习书法的兴趣。然后从思想上引导学生要做个有作为的人，明白"字是人的第二相貌""字是敲门砖"的道理。再耐心教会每个学生用笔、握笔的方法，引导学生处理好字的笔画、笔顺、间架结构、写字的姿势等。遵循由临摹王羲之或赵孟頫的小楷字帖到行楷增加速度的规律，把练书法的严谨认真态度运通到每次作业和每张考试试卷中，不断提升学生写字水平，这样提高学生语文复习的有效性。

　　（5）在四步复习法的基础上，逐步浓缩和提炼出了"自主互助"课堂教学模式

　　在激趣、以生为本的基础上，老师们的科研水平、科研意识得到加强，积极研修、积极参加培训，并学以致用不断实践总结，在浏览洋思中学的"先学后教"、昌乐二中的"271教学模式"和实地考察观摩即墨28中"和谐互助"教学模式的启发下，结合我县教学实际和课题研究所得，辐射到其他语文教师逐步形成我县自主互助课堂教学模式，现在全县开展课堂教学模式的教师共近200人，形成了浓浓的科研氛围，有效地促进了教师专业化发展，逐步提高农村教育的内

涵发展水平。

2. 实践性成果

有效课堂教学实录光盘 30 张；

教师研究过程性成果（活动简报图片、日志、论文、案例、获奖证书）

材料汇编书一本；

学生研究过程性成果（学习心得、书法作品、手抄报、分类收集的知识

集锦、获奖证书、能力提升等材料）材料汇编书一本；

主要科研成果：共有 10 多篇文章发表在《基础教育参考》《贵州教育科研》

等刊物，共有 10 多篇论文获省州级一等奖等。

激发农村学生中考语文复习积极性的方法

语文是一门实用性的学科，它来源于生活，也适用于生活。基于语文学科是"人文性与工具性的统一"这一特点，我们在给学生进行中考语文复习中，应让语文的复习教学走进生活，在生活中检验语文实用技能。学生在学习语文中所获得的审美体验，所产生的价值观都直接影响着学生学习语文的兴趣，尤其是在中考语文复习中，如何调动学生的学习积极性，让更多的学生参与到语文复习中，获得情感上的体验和能力的提升，从而提高语文教学质量呢？

一、合理制定复习计划，务实基础与提升能力两手抓

中考是选拔性、竞争性的考试，为了有效地复习巩固学过的知识，让学生在中考中取得好成绩，我们应该研究大纲精神，明确中考的范围，积极准备应对策略。

纵观近几年中考题型，客观题（选择题、古诗文默写、古文翻译、名著）分值大概在33％，主观题（课内阅读、课外阅读、综合性学习、作文）分值约66％。可以这么说，客观即基础，主观即能力，我们在复习中应明确方向，把握重难点，结合学生实际，研究复习方法，面向全体学生，全面提高学生的语文技能和综合素养。

在复习中，我们首先要从学生的基础抓起。例如，古诗文默写内容包括七年级到九年级的课内外古诗词及重点古文中的名句，范围之广让不少学生都难以拿满分。但我们只要根据学生的遗忘曲线规律制定复习计划，学生就可以轻松地牢记初中必背古诗词。

"熟读唐诗三百首，不会作诗也会吟"，利用早读课时间有计划引导学生反复朗读，直到熟读成诵，在熟读成诵的基础上，利用每节课的课前三分钟按照学生学号顺序默写一首古诗在黑板上，全班学生在上课前一起默写在名句本上，教师来上课的时候，以组为单位比赛背诵，加入考核分，鞭策并激发学生背诵积累，这样学生一周就可以背诵默写五首诗词，一个月就积累二十首，一个学期就积累八十首。然后引导学生理解中国汉字的形象意义，反复纠正错别字，如"春""暖"这两个字都与太阳有关，所以是"日"字旁而不是"目"字旁等，通过学生理解记忆的知识就终生不会忘记。

其次，是作文训练的积极性培养。作文是最能体现学生综合能力的一种测试，在每年的考试中分值均为 60 分，所以，作文兴趣培养非常重要，如每周给学生安排一节作文课，让学生在临时作文的训练中提升写作能力，在复习教学中，要把作文教学贯穿于整个复习环节中。如，在讲解古诗文时，让学生口头一段话把经典古诗文引用其中；在讲解仿写时，让学生用一个排比句来作为文章的开头；在复习名著时，让学生把名人的故事引用到自己的作文中来。这样，农村语文复习课就不再是简单地重复记忆，而是一堂丰富多彩的作文课。

总而言之，在语文复习中，有效调动学生的多种感官去激发学生的学习兴趣和求知欲，这样就会不断提高复习的有效性，达到事倍功半的效果，有效提高农村基础教育教学质量。

二、采取分层式复习教学，兼顾不同层次的学生

素质教育的目的就在于提高每个学生的素质，针对农村中学的学生层次差别大的现状，在中考复习教学中尝试分层式复习教学，以最大限度地调动各层次学生中考复习的积极性，使每个学生的潜能都得到开发，农村基础教学质量也相对提高。

首先，目标分层，在学生已出现分层的情况下，我们根据教材和大纲的要求，根据学生不同的基础、能力，制定多层次的教学目标。例如，就古诗文背诵目标而言，可把学生分为三个层次，要求优等生对教材规定的课内所有古诗文必须背诵；中等生只背短小的古文，长篇古文只要求背名句即可，古诗词必背；学困生只背课内古诗词，课外古诗词背名句，重点古文背名句。

其次，内容分层，复习目标确定了，课堂的复习内容也应作相应的调整和组合，注意内容的难易度，以适应各层次学生的水平。例如，就作文教学而言，优等生作文要求立意新，语言美，书写工整；中等生要求语句通顺，首尾呼应，中心突出，字迹工整；后进生要求字数达标，用自己的话表达内心的想法，卷面干净整洁即可，训练达到要求后再不断加压提高。

最后，作业分层，作业是实现知识迁移，能力形成的重要途径。这样就设计多层次的练习供不同层次学生选择，所选定的内容由易到难形成梯度。就作业布置来说，优等生可以选做作业，如可以口头完成的作业无须动笔写，可以广泛阅读名著，拓宽视野，收集广告、对联、写日志等。中等生必须完成老师的课堂作业，在阅读训练中探索学习语文的方法。后进生的作业相对减少，但每天必须坚持练习书法，每周一次作文，培养学生学习语文的兴趣，打好基础。这样，充分调动学生的学习积极性，让学生在较短的时间内愉快地完成作业，使每一个学生通过不同的作业练习在原有基础上都有所收获、有所发展。

三、开展丰富多彩的语文实践活动激发学生的语文复习积极性

语文是一门综合性较强的学科，在近几年的中考检测中，综合性学习题型的分值在 10 分以上。因此，在学生中开展丰富多彩的语文活动，既可以全方位、多元化地提高语文素养，培养语文能力，又能激发学生复习语文的兴趣，进而提高学生的中考语文成绩，一举多得。

叶圣陶先生强调："要亲切地体会白话与文言的各种方面，都必须花一番功夫去吟诵。"所以，在古诗文背诵默写复习中，可以开展古诗文朗诵比赛，由学生自己拟定活动方案，这样既能培养学生的组织策划能力，又能训练学生的口语表达能力。小型诗歌朗诵比赛可以激发学生学习古诗文的兴趣，又增长知识，提高复习效率。

考试的卷面很重要，字是打门锤，为提高复习考试分数和质量，可以在班级或者学校开展现场书法比赛，以此促进学生练习硬笔书法。在中考复习中，每两周给学生安排一次语文综合实践课，如"作文展""对联大比拼""我会记名著""撰写颁奖词"等，利用一系列丰富多彩语文活动，开展语文教学，使复习教学和能力培养密切结合，使紧张的中考语文复习向无限的课外学习延伸发展。

社会发展对于学校教育教学的要求，决定了教师的教学必须立足于既要提高教学质量，又要让学生得到发展。据中国心理服务网报道：32％的中学生的心理健康水平较差，存在心理问题。这一调查警示我们需要关注学生心灵健康，给学生减负，拓展学生的生活领域。激发学生中考复习语文的积极性，将有利于缓解中学生的心理压力，促进中学生良好心理品质的形成。

农村中考语文基础知识的复习方法

每当面临中考，一些语文教师为多而杂的基础知识复习伤脑筋。这是由于他们在平时教学中忽视了语文知识基础的积累，甚至轻视了语文知识基础对提高学生语文能力的重要性而造成的。而学生的语文能力是需要语文知识基础支撑的，如果语文基础薄弱，这将无法形成语文能力。所以夯实语文知识基础在语文教学中显得尤为重要。知识基础的夯实，不是一朝一夕就可成功的，最重要的是要注意平时学习的积累，因此培养学生平时积累的习惯是夯实语文知识基础的重要途径。

一、对知识基础进行分类

首先要向学生系统地介绍初中阶段语文知识基础所包含的内容，以及这些知识在语文学习中所产生的重要影响，让学生在大脑中形成固定概念。然后把基础知识进行分类，每一类确定好相关内容。由学生准备好笔记手册，或自制卡片，最后在老师的指导下把相应的内容编入手册或卡片内。这是一个逐渐积累丰富知识的过程，学生随着学习的不断深入，积累的知识也越丰富。

字词类。内容包括字词的音、形、义，要求学生达到的要求是能正确辨识拼音，正确认读常用汉字，规范地书写汉字，理解词语在不同语境中的含义。建议学生编入的内容是一些常见易读错写错汉字。如"急躁"（易错为"燥"），"提纲"（易错"题"），"琴弦（xián）"（易错为 xuán）等，多音多义字如"卡车 kǎ""关卡 qiǎ"等。独体字如"戍""戌""戊"等。编入的词语要结合具体的语境出现。除了收集编入一些常见关联词外，应重视课本中一些含有一词多义，包括从感情色彩来辨析词义等的词语。如"还要将脖子扭几扭，实在标致极了"中"标致"（反语）等。

句子类。内容包括辨识修辞方法、修改病句、仿句式造句等。要求学生能掌握各种修辞方法及其作用，能从句式、修辞、作用等方面辨析句子，能按要求仿写句子。根据此要求，学生可以从课本、资料、网上等渠道查寻，有选择地编入一些具有代表性、典型性的句子。如在《紫藤萝瀑布》中，作用是通过把紫藤萝花比作瀑布，生动形象地写出了花的繁茂。以此类推其他句型作渗透理解。

文学常识与名著类。内容包括课文涉及的主要作家作品知识及《语文课程标准》中推荐阅读的名篇中的作家作品知识。要求学生识记文学常识，掌握名著中有关作者、主要人物性格、故事情节、对名著中的人物进行评价等内容。学生编入的内容要以此为标准，最好能分类整理，可把众多作家作品分成国内和国外两部分，再把国内作品按古代、现当代进行分类。

现代、古代诗文，名句默写类。内容是大纲要求背诵的现、古代诗文和课文篇段中的名言佳句，以及广为流传的格言警句。学生收集编入时可按目录形式编入诗文，以便学习。

综合性学习探究类。这项内容综合性强，体现的是学生主动、探究和合作学习的特点，重视的是学生的体验和感受，编入的内容可以以课本每单元的探究内容为主，教师再根据各个探究活动的特点指导学生设计出相应的活动任务。学生在活动结束后，再把成果展示出来，如：活动名称"追寻人类起源"，完成任务：在《追寻人类起源》语文综合活动课中，你与你的小组成员完成了哪些项目？在合作探究的过程中你有什么深刻体会？

这样分类之后，看起来复杂的内容就显得一目了然，学生对需要掌握的内容有了清楚的了解，并对在今后学习过程中不断接触的知识有"的"可放，有据可依，巩固起来就轻松得多了。为调动学生学习积极性，还要鼓励学生为自己的各类笔记册子制作精美的个性封面。有的学生不但在封面绘上美丽的图案，而且还设计了名称。如学生取名为"跳动的音符"（字词类），"美丽的旋律"（句子类），"我的朋友"（文学名著类），"古人情怀"（古诗文类），"团结就是力量"（综合探究类），引人注目。

二、设计多样的学习方法

孔子云："知之者不如好之者，好之者不如乐之者。"设计学习方法的目的，就是要激发学生的学习兴趣，让学生把对基础知识的掌握建立在乐学的基础上，再进行积累。可以运用竞赛式、提问式、讨论式、观察式、辩论式、朗读式、练习式、自主合作探究式等方法，这些方法有些是独立运用在某个知识点上，有些是综合运用。在时间的安排上，也体现了灵活多样的特点。每项活动的开展都以分组合作为基础，如学习字词类知识时，可采用的是观察式和竞赛式的学习方法。学生首先利用课余时间在街头、饭馆、书店、报刊亭等地方观察收集广告牌、标语、菜谱、报纸书籍等的错别字，在播音媒体上收集语音读错现象，在课本资料上观察并收集独体字、易读错写错字、有特殊含义的词语等。把收集到的字词编入手册后，各组之间就来比赛看谁收集的字词多，谁收集的字词具有代表性、典型性。最后由老师总结归纳，评定结果，然后各组之间交换成果在班上进行展示出彩。在学习句子类知识时，可采用讨论式、提问式的学习方法。学生在课外把从课本，资料中收集进册子的句子展示出来，在组长组织下先在组内进行交流，然后把重点内容或疑难问题等向其他组成员或老师提问，提问时间除了安排在课外，老师还可把精彩内容安排在课堂上进行。在学习文学常识、名著类知识时，可采用的方法主要以竞赛式为主，在课堂上进行。学生把接触到的常识编入册子，不断积累。在学生积累的过程中，利用课堂进行提问，学生举手抢答。当学生积累的知识数量达到一定程度后，就利用堂课来进行竞赛等。

古人云"书读百遍，其义自现"，朗读是学习语文很重要的一种方法。一般在早习时间都可以安排学生按照编入册子的目录逐篇、逐段地朗读直到能背诵。

三、进行阶段性综合测试

知识积累到一定的程度后，教师要对学生的巩固情况有所了解，及时查缺补漏，才能达到最终的目的。可采用根据近期所学习的有关基础知识以及学生收集的知识进行汇总，然后选择典型题汇编成试卷，让学生测验。也可以是学生根据自己收集的资料，选取典型题自编试卷，交老师查看后，同学间交换测验。这种测试方法不仅普及面广，加深学生印象，而且能调动学生的学习积极性，主动性。

四、进行适当的物质奖励

奖励是对学生学习效果的肯定，可以激发学生学习兴趣，所以对学生进行适当的物质奖励是有必要的。一般做法是安排一名学生在每次开展活动时，负责登记优胜者名单，一个月后进行盘点。奖项安排个人奖和组织奖，奖品有糖果、书籍、文具等。

总之，学生是学习的主体，即使是在农村教学，但只要结合实际，善于动脑，有一个积极上进之心，在复习教学中以学生为主，处处体现学生的主人公地位，学生的学习热情就会很高。作为教师，只有设计出多样的能激发学生学习兴趣的方法，才能让学生有所收获。对于语文基础知识而言，最重要的是语言的积累，这是初中语文教学的主要任务，只有夯实知识基础，才能构建牢固的语文大厦，也才会培养出更多的农村人才。

第六编
睿智细心，润物无声
——农村基础教育班主任工作探究

　　春雨洒向大地的时候，从不挑选秧苗，阳光照耀山川的时候，从不选择高山与平原。如果说从事农村教育事业，只有教书教得好，而没有感受过当班主任的幸福，那你的教育人生就是不圆满的。班主任就如春雨和阳光一样，面对全班学生能睿智细心、润物无声，在每天和学生平平凡凡的相处中，用广袤之心、友善和蔼之词、用慈悲的根性去教化管理学生，就会收获圆满和福报。

在农村班级管理中做睿智细心的班主任

虽然现在全国脱贫攻坚已经取得胜利，农村的水、路、电、讯、房等基础设施都得到很大改善，许多农村家门口都是硬化路，抬脚都可以有车坐，但是随着人们生活水平的不断提高、对美好生活的向往，对物质生活的追求普遍提高，现在有许多农村剩余劳动力还是大量涌入城市，有些已经将孩子带到打工的城市随亲就读，但多数的农村孩子还是留在了当地农村学校，留给了老师，留给了班主任。

那么，农村班主任怎样当、怎样做才会让孩子的心灵拥有更多温暖和幸福，才会健全孩子的人格，使其幸福成长呢？那就要如春雨润物一样，一定要做到睿智细心，这样才会出成绩、有收获。

一、抓好学生学习习惯、行为习惯和理想教育

（一）培养学生有条理地学习生活的习惯

学生自律、严谨的习惯不是一两天就能养成的，特别是面对现在的独生子女或留守学生，不仅要用名人成才的故事去引导，或用身边的优秀学生作表率感染，重要的是在学生形成习惯的过程中随时检查、引导、鼓励和鞭策，如：在上课时常查看学生的学习用具是否准备齐；属于语文科的书籍、作业本、试卷等资料是否归为一类堆放；数学、化学、物理等各科是否归类整理；抽屉里是否干净整洁；在每节课前，是不是把本节课所需的课本、作业本、书写用具放在桌子上准备好等。在日常的教学工作中用耐心细心教育学生，让学生懂得学习的效率源于良好的学习习惯，有条理地学习和生活。

另外，身体是革命的本钱，要提高农村教育教学质量，老师的身体要好，学生的身体更要好。因学生正处在长身体的阶段，需要大量的营养。但现在的学生多数喜欢吃零食，饮食习惯不够好。解决这个问题，可在班上要求学生必须吃好三餐，并且每个月搞好家长问卷调查表，老师与家长一起鞭策学生养成良好的饮食习惯，使身体营养得到保障。另外，为促进学生身体健康，还要求并陪学生一起每天在课间操时间跳绳、跑步等。学生有了良好的饮食习惯、锻炼习惯，就会有更多精力和智慧来面对学习，学习质量就好，教学效果也会更好。

（二）用耐心、细心落实并有条理地开展好有意义的教育活动

春雨洒向大地的时候，从不挑选秧苗，阳光照耀大地的时候，从不选择高山与平原，老师的关爱投向学生的时候，也应公平、博大、细心。

所以，在班主任工作中，要创设更多的平台让每个学生都有机会锻炼自己，特别是胆小、性格内向的学生，让他们在班上担任一定的职务，如分别让学生担任"饮水机管理员""板报设计师""图书管理员""衣着仪表的检查组长"等职务，培养学生办事能力和增强责任感，让他们在为同学服务中得到锻炼，获得成功。并且，每学期可以按照学号次序，组织学生担任"值日班主任"，轮流写班级故事，及时反映每天班上的所见所闻和自己对班上发生事件的感受和看法，并及时处理班上日常事务，总结当天班级情况，写好班级日志等。让学生顺着座位顺序在每天课前组织搞好课前活动，如唱歌，讲新闻，朗诵诗歌或讲名人故事、成语故事等，让每个学生都有承担责任和获得锻炼的机会，特别是班上单亲家庭、留守、顽皮、习惯差的学生，还要耐心地指导他们，激发他们的进取心，促使他们不断地超越自我。当学生在成长中有了进步时，要对学生进行由衷的赞许和鼓励，有时是轻轻地拍拍学生肩膀，有时是投去一束亲切的眼光，有时是一句幽默的话，有时是一句鼓励的名言。在班上要常设立多种多样的激励措施，如用红五星、光荣榜、喜报、糖果等去表扬学生，用这些方法唤醒学生的生命感、成功感、价值感。

（三）优化个性，经常开展形式多样的活动

为了让学生拓宽视野，要经常开展形式多样的活动，如：在元旦前组织学生制作新年祝福明信片，送给老师、家长和同学；在开学前，师生一起设计教室墙面的张贴内容；或每学期进行跳绳比赛、台阶测试比赛、名人故事演讲比赛、自己学习成功经验交流比赛等。用这些方法培养学生动手动脑的能力，使每个学生都融入集体中，感受到集体的力量、集体温暖，从而在充满关爱、积极向上的环境里健康快乐地成长。针对初中学生躁动的心理，可以利用班会课开展心理健康知识竞赛活动，如常举办网络教育、禁毒教育等主题班会活动。为了促进学生与家长的交流，在每年的妇女节、母亲节、父亲节前，在班级开展"母亲（父亲），我永远爱您"等形式的主题班会，并让学生为父母亲写信，让父母亲认真地看信后，并将为父母亲写信及父母亲回信的内容在班上交流。在过节的时候要求学生为母亲、父亲各唱一支歌等。孔子说："孝悌也者，其为仁之本与。"用这些平常的点点滴滴的小事来培养学生的感恩之情，使其知道做人之本。

二、激发学生的学习激情，与学生的心灵共舞

作为班主任，当教师节来临，收到学生的一张张贺卡和充满真诚的祝福时，

当公开课上学生都充满自信地表现时，当科任老师都愿意选择你的班级上公开课时，当学生家长无论是在人前还是在人后都夸赞你、都愿意把孩子交给你时，当学生毕业后到学校第一个要看望的老师是班主任时，当你的学生走出校园还记得你的潜移默化教育时……我们都有一种幸福感、满足感、自豪感，这种感动一般人是体会不到的。只有我们的方法深入学生内心，触及学生灵魂，遵循学生成长规律，就如"浇树要浇根，教人要交心"一样，只有走进学生心灵，触及学生的灵魂，与学生的心灵共舞后，才会体会得到。那么怎么做呢？我坚持这样做：

如：每天一歌。音乐的最大特点就是通过旋律来调动人的兴趣，打动人的情感，让人愉快地受到教育。所以让学生在听歌或唱歌时"随歌潜入心，润德细无声"，不经意间让他们的思想情感获得内省，激发学生进行自我教育，进而提升学生的综合素养。雄壮激昂、节奏感强的乐曲，可以刺激大脑的兴奋度，能激励、鼓舞人的精神，唱歌时大脑会产生种种与歌词同步的遐想。然后定期进行默写歌词比赛，既陶冶了情操，又为学生写作文积累了清澈的源头活水。

又如：每月听一次名人演讲。放名人演讲视频给学生看，让他们自己去感悟、去体会，比老师说教强得多。如：听邹越的演讲后，学生知道"网络只能是工具而不是玩具"的深刻含义、懂得"儿行千里母担忧，母行千里儿不愁"所包含的感恩思想。

再如：每周读一篇美文。故事往往生动形象、优美感人，为生性活泼的青少年所喜闻乐见。故事具有潜移默化的特点，那些广为流传或者代代相传的故事蕴含着深刻的人生哲理和人生智慧，使抽象的道理具体化和形象化，让学生津津有味地阅读欣赏这些道德教育的力量，可以让学生在不知不觉中主动思考。只要有效地打动学生，就能与学生的心灵共舞。

就这样，用我们的智慧，用一颗善于思考的大脑去认真开展好每项班级工作，做一个有责任感、细心的班主任，你的心中就会释放出浓浓的教育情怀；做一个睿智的班主任，你会不断地迸出智慧的火花，过的就是一种幸福完整的教育生活，体验到教育的快乐与责任，就能在教育旅途中充实自我、完善自我、成就自我，收获圆满和福报！

由简单的礼物引发的教育思考

元旦节的夜晚，学生都显得很激动，教室的气氛很活跃。

晚自习时，我让全班学生唱了元旦之歌，然后叫学生说出中国的传统节日，如春节、元宵节、端午节、中元节、中秋节、重阳节等。然后又说出本地区的民族节日，如姊妹节、苗年节、畲族的四月八、瑶族的隔冬节、侗族大歌节、六月香炉山节等，让学生热爱传统节日，热爱自己的民族。

下晚自习时，我为他们发了元旦礼物，把自己去东北三省学习考察的见闻如民俗文化、人为景观、经济建设、景区文化图片等生动地展示给学生，激起学生的向往之情，然后把特意为他们带回的特产榛子发给每位学生。因为我所任教的学生，都是农村的学生，没有到过更大的城市，有的甚至没有到过所属的州府。我拿着礼物逐一走到每个学生身边，在他们伸出来的一双双手上轻轻地放着一小撮榛子，每个收到榛子的学生眼睛是放光的、脸上是笑意盈盈的，非常好看，犹如美丽的花朵。他们的笑脸灿烂了整个教室，整个教室是沸腾的、阳光的，学生们都开心地说："老师，祝你节日快乐！"教室里每个人的心都被快乐浸染。等礼物发完了，我就收到了63个祝福，看到了63张幸福纯真的笑脸，我想：这些笑脸里包含了多少纯真、多少可爱啊！这笑是多么纯净、多么清亮、多么洗涤心灵啊！

在老师的眼里，学生是多么的容易满足啊，我只是给他们一点小小的礼物、小小的关爱，就换得这么多的真情与快乐，这些快乐足以洗去我生活的郁闷与忧伤。

我想：这就是教育的奇妙，虽然面对的是农村的学生，但只要我们对学生付出的是一颗至真至诚纯自然的心——用心教学、用心管理班级、用心关注每一个学生心灵的成长、知识的进步、用心备好每一节课、用心传授好每一个知识点，那么，快乐收获就会很多，生命也将以此而充盈丰满！

利用语文课堂教学教会学生做人的道理

"人无远虑，必有近忧""己所不欲，勿施于人""君子和而不同，小人同而不和""巧言乱德""君子喻于义，小人喻于利""无信而不立""孝弟也者，其为人之本"这些为人处世的经典名句，都来自语文教材。新课程标准指出培养学生高尚的道德情操和健康的审美情趣，形成正确的价值观和积极的人生态度，是语文教学的重要内容。不应该把它们当作外在的附加任务，应该注重熏陶感染、潜移默化，把这些内容贯穿于日常的教学过程之中。那么，我们在农村的语文课堂教学中应怎样培养学生做人的道理呢？

一、在语文课堂教学中培养学生的孝心

百善孝为先，孝是中华民族的传统美德。作为一所乡镇中学的语文老师，面对的大多是留守儿童，面对一年只能见一次有的甚至几年都不能见一次的父母该怎么谈"孝"这个字呢？

人教版语文七年级上册《散步》这篇文章写道："后来发生了分歧：母亲要走大路，大路平顺；我的儿子要走小路，小路有意思。不过，一切都取决于我。我的母亲老了，她早已习惯听从她强壮的儿子；我的儿子还小，他还习惯听从他高大的父亲；妻子呢，在外边，她总是听我的。一霎时我感到了责任的重大。我想一个两全的办法，找不出；我想拆散一家人，分成两路，各得其所，终不愿意。我决定委屈儿子，因为我伴同他的时日还长。我说：'走大路'。但是母亲摸摸孙儿的小脑瓜，变了主意：'还是走小路吧。'她的眼随小路望去：那里有金色的菜花，两行整齐的桑树，尽头一口水波粼粼的鱼塘。母亲对我说'我走不过去的地方，你就背着我'。到了一处，我蹲下来，背起了母亲；妻子也蹲下来，背起了儿子。我的母亲虽然高大，然而很瘦，自然不算重；儿子虽然很胖，毕竟幼小，自然也轻；但我和妻子都是慢慢地，稳稳地，走得很仔细，好像我背上的同她背上的加起来，就是整个世界。"这篇文章是培养学生做人的典范课文，可以让学生思考："在你的记忆里，父母或祖父母为你做了哪些事？""你为父母爷爷奶奶尽到了哪些孝道？""看到文中为孙子委屈自己的奶奶，你想到了什么？"先让学生回忆，再小组充分交流讨论，交流讨论后引导学生判断同学们列举的在家对父母亲所做的事情，哪些做得好，哪些做得不对，应该怎样尽孝道等，让学生

从课本情景拓展到生活情景，渗透孝心教育，让孩子学会反思自己，懂得尊重、理解父母，发扬中华民族尊老爱幼的传统美德。

二、在语文课堂教学中培养学生的沟通能力

在现实生活中，我们常常会看到这些情况：有的学生活泼好动、聪明伶俐，而一旦来到新的环境接触陌生人时，就会变得害羞腼腆、呆板笨拙；有的学生在学校里独自游戏、自言自语、显得很不合群；有的学生则恰恰相反，与人交往处处强硬，横行霸道，显得盛气凌人；还有的学生遇到熟人时，即使大人强迫其对人要有礼貌，他也缄口不语，设法躲避。这些情况都是孩子缺乏与人沟通的能力所造成的。从小处说，学生的沟通能力关系着能否正常交流；从大处看，学生的沟通能力关系到孩子的身心健康发展，关系到孩子性格的形成。所以说培养学生良好的沟通能力是教师或家长不可回避的现实责任。

语文课本里有许多文章是教会学生沟通能力的文章，只要语文老师在课堂上关注文本选择的重要意义，认真领悟后就能让学生学会沟通，如《羚羊木雕》这篇小说就是最好的教会学生沟通的课文。这篇文章的内容是写"我"把珍贵的羚羊木雕送给了最好的朋友万芳，父母发觉了，逼"我"去要回来，"我"被逼无奈，硬着头皮从万芳那里把羚羊要回来，"我"对朋友反悔，伤心极了。通过一只珍贵的羚羊木雕的送、要的主旨是在揭示子女与父母发生了冲突，应该怎样与父母沟通，怎样对待友情。这篇文章可以让学生在充分感知课文的基础上、通过话剧表演、辩论会形式，谈看法、辨是非来培养学生的口语表达能力和懂得与人沟通的道理。最后布置作业的任务是给父母写一封信，和父母说说心里话，可以是你对父母的感谢，可以是你对父母处理的某一件事有不同的意见，也可以是你内心希望得到怎样的"爱"，让学生学会沟通、学会感恩。

三、在语文课堂教学中培养学生学会感恩的品德

感恩是一种文明，也是一种品德。感恩教育是素质教育的重要组成部分，只有引导学生学会感恩，学会做人，才能做到心有他人，回报社会，塑造完美人生。

《再塑生命的人》这一课的教学目标是教会感恩。海伦·凯勒的恩师沙利文老师是她这辈子最敬佩的人，带她走出黑暗，走向光明。没有沙利文老师，或许海伦·凯勒就是一个默默无闻的人，在黑暗中了此残生。但是沙利文出现了，带着光明和希望走向了凯伦的生活，照亮了她前行的路。所以海伦·凯勒对她抱有一颗感恩的心。借助这篇课文引导学生反复体会凯伦对沙利文老师情感的变化，引导学生找出本班教师的一件件值得感恩的事例，再拓展到家庭、社会值得感恩的事情。

四、在语文课堂教学中教会学生面对挫折的能力

宝剑锋从磨砺出，梅花香自苦寒来。当代中学生可以说是在非常顺利的环境中成长起来的，是在蜜水中泡大的。因此，他们更容易在生活、学习中遭受挫折。对他们来说，遇到挫折后常常不知所措、深受打击。他们受挫折后常常表现为：暴力倾向行为、逃亡性行为、散漫性行为、固执性行为、挥霍无度行为、亲情冷漠行为以及各种不良思想行为。因此，对学生进行挫折教育是非常必要的，让他们了解挫折、战胜挫折。

同样，教师可借助语文课堂教学进行挫折教育。如《生于忧患，死于安乐》就是很好的一篇挫折教育范文，文中要求学生理解"磨难"对一个人成长的重要性。将文中提到的几个故事模拟情景剧，感受成才的磨难与艰辛。只有战胜困难和挫折的人才能更好地面对人生的挑战。一个人智商再高，没有面对挫折从容接受的智慧，那么他的人生也不是成功的人生。要练就面对挫折的勇气，要有迎难而上的决心。培养坚强勇敢，敢于挑战的性格。让学生从小事做起，就如《走一步，在走一步》中所说，先克服小困难，再一步一步克服大困难一样，那么成功也就在我们眼前了。

总之，语文教材的每一篇课文，都是我们在语文课堂上教会学生做人的典范文章，在语文教学中做人的道理还有很多"渗透点"和"切入点"，希望我们以满腔的热情去上好每一堂课，教会学生做人的道理，让每一个孩子都保持良好的心态，让每一个孩子都拥有美好的未来。

农村寄宿制学校学生寝室管理的措施与方法

教育学家苏霍姆林斯基曾经说："只有激发学生去自我教育，才是真正的教育。"大思想家、政治家韩愈也曾说："业精于勤，荒于嬉，行成于思，毁与随。"

随着我国城镇化的加快和县城的不断扩大化，越来越多的学生进入城镇读书，寄宿制学校便成了很多家长和学生学习和生活的最佳选择。而寄宿制学校的学生管理以及宿舍管理则成了我国教育改革事业中一个重要的问题，加上初中学生正处于自我意识逐步形成的关键时期，作为农村寄宿制学校，学生寝室是影响学生性格一个重要场所，学生寝室的管理状况对学生形成积极的情感态度、正确的人生观、价值观都有着极其重要的作用。作为寄宿制初级中学，学生寝室的管理更应该放在首位。而学生寝室管理又是一项系统的、综合性的管理工作，如何将寝室管理与学校德育工作相联系，与学风建设相联系，做到寝室管理科学化、制度化、教育化、人性化，艺术化，促进学生的健康成长呢？

一、妥善安排指导教师，贴近学生心灵

寝室的管理要妥善安排寝室管理员和生活指导教师，选择负责、敬业、有耐心的教师来管理，并且要安排好每一个班主任与寝室管理员的沟通交流，由于住校学生多，宿管员要管的范围广、要管的事务杂，故对于学生心理的辅导力度明显不够。因此，各寝室应该安排生活指导教师，一般尽量一个老师负责 2—3 个寝室的生活指导。作为生活指导教师，首先要认真学习学校宿舍管理相关的规章制度，掌握政策法规，其次弄清楚学校宿管员对学生的基本要求，最后生活指导教师要每周不定时到寝室查看，及时了解学生思想动向，配合宿管员做好学生生活指导、心理辅导。组织所管理的寝室进行一些小范围的检查评比，例如寝室文化布置评比、一周内务整理最佳寝室、一月最优室长、最热爱集体的室友等，让学生感受到寝室是他们温馨的家，让宿管员、生活教师、班主任都走进学生的心灵，培养他们热爱集体、团结互助的思想情操。

二、遵守规章制度，培养学生自主管理能力

初中学生正处于逆反心理期，他们的眼睛已从父母、老师身上转向了社会，但又还没有形成成熟的辨别是非的能力，容易被一些社会不良风气所影响，这样

就给学校教育加大了难度。因此，学校要建立健全完善、严谨、可行的寝室管理规章制度，具体做到"四勤"：嘴勤，手勤，腿勤、脑勤。

"嘴勤"就是该提醒学生的要提醒，对他们的提问及时解释清楚，对不按时回寝室的同学进行安全提醒，要求他们管理自己，对个别大声喧哗、午休、晚休吵闹的不文明行为，发现一个批评一个，绝不姑息迁就，按照寝室规章制度进行约束，对表现好的同学要及时表扬，让学生学会扬长避短。

"手勤"指的是各月拟好工作计划，工作计划中事无巨细，争取不漏事项，各楼道、厕所卫生交接公布在醒目处，公共区域卫生交接班时做好监督。对刚进校的学生，内务要求做到主动示范，言传身教。遇到个别学生倒垃圾时不慎遗落的垃圾，随手拾起，给学生做好学习榜样。

"腿勤"就是勤于查寝室，把查寝室作为一份责任，每天早晨巡查学生起床进行早锻炼情况，杜绝个别学生因懒惰而躲藏在寝室里，坚持每天对学生内务的检查，检查结果当天公布，对出现的问题要求学生及时整改，午休、晚休坚持检查学生到位情况，对不到位的要及时联系班主任。做到多巡查，多监督，保证各楼层、各寝室的学生有安静的休息环境。

"脑勤"就是经常回想近期的工作，加强工作计划性，想想自己做了什么，还需做什么，心里清楚，不忘事、不落事，把该做的事落到实处。

三、用三心创设寝室管理的有效成果

（一）寝室管理工作要细心

农村寄宿制学校服务的对象大多是留守儿童。由于父母长时间不在身边，缺少家庭教育，他们情感冷漠，容易自卑，再加上部分家长长期分居，导致很多学生缺乏安全感，甚至部分学生叛逆心重，行为习惯差，不服管理，我行我素。为此，在管理中，我们一定要做到细心，对学生出现的问题认真了解，细心引导。

（二）寝室管理工作要耐心

耐心，即是指对待事情要平和、沉着、不急躁。在学生寝室管理工作中，耐心是不可缺少的。因初中学生的成长是一道分水岭，是叛逆期、思想成熟的过渡期，既想有个性，又要依赖家长老师。他们对一切都不愿顺从，不愿听从父母、教师及其他成人的意见，在生活中，从穿衣戴帽到对人对事的看法，常处于一种与成人相抵触的情绪状态中。但是，他们的内心中又并没有完全摆脱对父母、对老师的依赖，只是依赖的方式较之过去有所变化了，主要表现为希望从父母、老师处得到精神上的理解、支持和保护。而存在于少年身上的反抗性也带有较复杂的性质，有时是想通过这种途径向外人表明，他已具有了独立人格；有时又是为了撑起个样子给他人看，以掩饰自己的软弱。实际上，在生活中的许多方面，他

们还是需要成人帮助的，尤其是在遭受挫折的时候。因此，在学生管理上，我们一定要具备耐心，对学生出现的违纪行为耐心了解情况，不急躁、不鲁莽，让学生感受到帮助，从而让他们化被动为主动。

（三）对待学生的鲁莽和无知要有宽容心

宽容，即宽大有气量，不计较、不追究。宽容是诚信待人的一种原则，人人有了宽容，你才会学到包容；人人有了包容，你才能懂得宽容，这样你的心灵才会得到尊重。进入青春期的中学生渐渐地将自己内心封闭起来，心理生活丰富了，表露于外的东西却少了，加之对外界的不信任和不满意，又增加了这种闭锁性。但与此同时，他们又感到非常孤独和寂寞，希望能有人来关心和理解他们。他们在生活中试着寻找同龄人中的挚友，一旦找到，就会推心置腹，毫不保留。因此，初中学生在许多时候似乎能表现得很勇敢，但这时的勇敢带有莽撞和冒失的成分，具有"初生牛犊不怕虎"的特点。教师在学生自主管理中要有一颗宽容之心，学生是发展中的人，犯错误是正常的，如何对待自己身上的不足，学生有什么样的态度——是积极主动地改，还是无所谓，这关键在于教师正确的引导。人是一个矛盾的集合体，人的内心深处无时无刻不在进行一场真、善、美与假、恶、丑的斗争。作为一名教育者工作者，我们应该调动他们内心深处的真、善、美，战胜假、恶、丑。面对他们出现的错误，要宽容对待，要用文明社会的逻辑——在法律的框架内公平、公开、公正地竞争来合理引导，帮助其改正。时刻用"人非圣贤，孰能无错"来宽容对待学生。只有这样，学生才会用心、虚心接受教诲。

祖国土地辽阔，在广袤的大地上住着接近全国一半人口的农村人，农村教育就是祖国教育的半壁江山，如果教师们都能扎根在广大的农村，在班级管理、寝室管理、教学管理中勤于思考、甘于奉献，也会找到很多切合实际的寄宿制学生寝室管理的措施与方法。

上好开学第一课　做最好的班主任

"好的开端是成功的一半""凡事预则立，不预则废"。开学第一课预示着新的开始、新的希望，在这一重要节点进行班级教育十分重要，通过开学第一课，不仅可以送给孩子一份特别的礼物，还可以将全社会对孩子深沉的爱、对他们成长的深切关怀，通过生动鲜活丰富的形式来呈现，同时，也是班主任工作的最重要的环节。2020 年《开学第一课》以"少年强，中国强"为主题，传递"人民至上，生命至上"的价值理念。

教育部与中央电视总台出品的大型公益节目《开学第一课》播出至今，每一年的主题都不一样，如 2008 年首届《开学第一课》在汶川大地震和北京奥运会的背景下，以"知识守护生命"为主题，对全国孩子们进行应急避险教育和生命意识教育；2009 年在新中国成立 60 周年背景下，以"我爱你，中国"为主题，为全国中小学生展示了一场爱的主题班会；2010 年的主题是"我的梦，中国梦"；2011 年以"幸福在哪里"为主题，在由孩子、家长、学校、社会构成的全景视野中，讨论"如何让中国孩子幸福"……2021 年春季开学第一课讨论主题有爱国、健康、卫生等等。

班主任组织学生观看好每一年的《开学第一课》，是稳定学生心态，规范提升班级管理的重要环节。班主任除了认真做好此项工作外，还要做好以下工作：

一、重视仪表仪容

"国尚礼则国昌，家尚礼则家大，身有礼则身修，心有礼则心泰。"教师要注重仪表形象，特别是开学之初，更要以最好的精神面貌面对学生。

男教师要做到不留长发、不蓄胡须，修剪好鼻毛和耳毛，前不覆额、侧不掩耳、后不及领，脸上保持干净整洁有光泽。

女教师要化职业淡妆，头发干净整洁，服饰干净平整，并以此引导规范每位学生的衣着、神态、头式、语言、行为、坐姿等。

注重仪表的教师能提升素质和威信力，自然就达到"随分潜入夜、润物细无声"的教育效果。

二、平和睿智，爱生如子

教书育人是一门艺术，教师的魅力在于睿智，教师的伟大在于宽容，教师真正的力量不完全是知识的权威，而在于关爱。教师要用爱心这把钥匙开启通向学生心灵和智慧的大门。

每学期开学之初，面对着一个个学生，要像父母对待自己的孩子一样，言语上、态度上要温和、幽默、大方、实在，这样才有利于以后晓之以理，动之以情地育人。

著名教育学家苏霍姆林斯基说："没有爱，就没有教育。"教师要关注每一个学生的发展。怎么做呢？在开学之初，可以让学生逐个介绍自己的兴趣爱好，在学生的自我介绍中了解学生的情感态度及个性，充分尊重学生的人格，倾听学生的心声。然后结合学生的特长爱好和性格特点，以"人人都有事做、人人都是班干"原则安排好班级工作，以"为了每一个学生的发展"的理念，让每一个完整的个体都在认真做好班级事务的过程中得到独特的发展。这就需要教师用自己的热情和人格魅力去感染、激励和影响学生，让学生在充满关爱的教育情境中学习和生活。

现在的农村中学生很多是留守儿童，而且大多数学生的家庭条件相当差，他们从小生活在没有父母教育的环境里，有些孩子一年都见不到家长一面，根本无法得到良好的家庭教育，这造成了很多留守儿童性格比较内向、孤僻，不善于与同学、老师交流。面对这种情况，班主任更要在开学之初给予学生更多的关心和爱护，从他们成长的角度出发，从内心去理解他们、关心他们，让他们感受到教师的爱如母爱、似父爱，学生就会尊重、信任教师，愿意与教师交流、沟通，从而自觉努力地学习。

三、用渊博的知识灵活滋润学生思想

苏霍姆林斯基说："教师的知识越多，他的学生掌握基础知识就越容易，他在学生和家长中的威信和信誉就越高，孩子们就越把他当作知识之源而被他所吸引。如果教师只局限于教科书，而不开阔孩子们的科学视野，不向他们提示尚未学习过的、期待他们用好奇的头脑和勤劳的双手去探索的那些领域，我们就只会使孩子们厌恶那天天要掌握的一定量的知识'份饭'。而为了开阔和提示那些领域，就要求教师拥有比大纲的要求多得多的知识。"

以此，每个教师在寒暑假的时候充电加油，在开学之初以崭新的面貌面对学生，用渊博的知识激发感染学生的新奇求知欲望。

目前，农村中小学校的许多教师大都习惯了"没有学习"的生活，思想停留在只要自己把学生管住了、自己的教学成绩还过得去就行了。所以，长期教小学的教师，最后只拥有小学知识；长期教初中的教师，最后只会做初中习题。

学无止境，班主任教育工作是一门高深的学问，单是开学初期的工作就值得深入研究，如学生学习习惯的养成、规范的生活饮食习惯、作息时间安排、作业

的规范检查等都要细致入微地研究。时代在发展，社会在进步，实现伟大复兴的中国梦在呼唤博学多识的教师，呼唤高质量的班主任工作，呼唤师生共同进步的高质量教育水平，作为新时期的教育工作者，我们应肩负起教育振兴的使命，严格要求自己，不断努力学习，用我们渊博的知识引领莘莘学子走向充满阳光、充满希望的人生彼岸。

农村中小学校高效的班级管理方法

班级管理是学校管理的重要组成部分，班级管理的好坏直接影响到学校正常的教学秩序、教学质量、学生个体的发展。传统的初中班级管理呈现诸多弊端，如教师权威主义突出、学生能力的培养受应试教育的影响而被忽视、管理方式单一、限制学生个性的发展等。

在新课程改革进程不断推进的今天，如何让新课堂教学模式与班级管理策略相得益彰，这是新课改时期所有班主任应该重视的问题。

以学生为主体，充分发挥学生的主观能动性是高质量班级管理的核心，那么怎样发挥学生的主观能动性呢？可以让学生结对管理，互帮互助。如在实施班级管理过程中充分了解学生的学习情况、性格特点、兴趣爱好、个性特长、交往对象以后，以学生同桌结伴为学友。在学习过程中，通过自主学习和学友互帮互助、相互教学、相互督促、相互鼓励，来实现学友双赢。以学生结对帮扶的形式促进班级的合作精神、团队意识和集体观念，以及培养学生个性发展、提高班级学习成绩、适应新课程改革等都十分有效。

一、建立学生档案，充分了解学生

苏联教育家乌申斯基说："如果教育家希望从一切方面去教育人，那么必须首先从一切方面去了解人。"班主任只有全面地了解学生、研究学生，才能有效地评价学生、管理学生和教育学生。

学生的家庭及个人详细信息，是班主任初步了解学生的重要参考资料。在学生入学初期，班主任要对学生的个人情况、家庭情况、兴趣爱好、个性特点等方面做详细登记，并随时对以上信息的变更情况做跟踪了解。在建档的过程中，需要班主任通过个体谈话或家访的形式来完成，才能获取准确信息，帮助班主任尽快了解学生，从而更有效地进行班级管理。

二、培养学生团结协作的思想理念

学生团结协作是提高班级学习成绩、发挥学生个性特长、体现班级团队意识和集体观念的关键所在。

班主任要结合学生的知识基础、学习能力、学习习惯、性格品行等把学生划分成"优秀、良好、一般、较弱"四大类，然后按照"优秀"搭配"一般"，"良好"搭配"较弱"的原则分配小组；还可以由学生自荐自选自由进行学友搭档组合。如是采用学生自荐自选组合方式，班主任要做好前后桌的搭配，保证学困生得到帮助，优秀生又得到提升发展。

培养学生团结协作的思想理念，是实施班级管理的重中之重。

比如每天早上同学之间要用 5 分钟交流：前一天做对了什么，做错了什么，还有什么没做，今天预备做什么等；接下来就是开展一些促进同学互助关系的活动、游戏，如蒙住眼睛找同伴、背诵名句诗词名言、讲述小故事等。学生在团结互助的活动中，班主任安排双方一起接受奖惩的若干环节，有意识地培养学生团结协作思想。在游戏活动中，让学生充分感受双方通力合作带来的成就感，从而形成融洽的团结协作关系，并由此让学生交流"团结协作"的重要意义，大到国际协作，省与省之间的帮扶前进，小到单位与单位之间的互办互促，同学之间的团结协作等。不但能让学生在学习中积极参与讨论，互教互学，竞相表现，充分发挥个性特长，提高学习成绩，还能在班级管理中，相互督促，主动参与班级管理，愉快完成管理任务，让良好的班风充盈整个班级。

三、培养学生的责任意识

班级管理常规工作涉及面广泛，旧式的班级管理模式，大多是制定出一纸班规，由班主任一人全盘监控管理。这样的管理方式，既苦了班主任，又不能保证监控到位，导致出现诸多管理漏洞。

在班级常规工作管理中，可以充分利用学生结对帮扶的特点和资源，先把学习、纪律、卫生、行为习惯等各项常规工作精细化，再明确各对学友的具体责任，然后采用学生管理学生、学友管理班级、班主任宏观调控的模式来进行班级管理。

在纪律管理上，确定每项工作都有固定管理者，由管理者对相应的工作如学生仪表、出勤情况、违纪现象如追逐打闹、欺负弱小、说脏话、谈恋爱等行为习惯等进行监督；班级的其他同学共同监督，共同提醒。

在班级卫生管理上，确定每个卫生角的承包者，每天每时对责任区进行打扫和保洁，确保地面没有一点垃圾、桌椅整齐、垃圾桶随时保持干净、门窗没有灰尘、班级图书架摆放整齐、讲台整洁等。教室的每一个死角，每一块玻璃，每一扇门窗都有专人负责，每一项任务都由学友两人来完成。

在学习上，要求互助双方必须通过自己的探究学习，互相帮助，通力合作，使自己和帮扶对象的成绩在原来的基础上提升。

课余时间，同学之间监督完成作业，共同解决疑难问题，开展做题比赛等。

这样的管理模式，凸显了学生在课堂学习和班级管理中的主人公地位，学生真正成为班级的主人，更乐于把班级当作自己的家来管理、爱护，积极为班集体争取荣誉；班主任也由班级管理的操纵者转变为引领者，既节省了精力，还培养了学生的责任心和管理等诸多能力。

"少年强国强，少年独立则国独立，少年自由则国自由，少年进步则国进步"，在推行新课程改革的今天，在农村中小学校采用学生自我管理、互助管理的方式培养学生强大、独立、进步的品质，为富强、民主、文明、和谐、美丽的现代化国家添砖加瓦。